AF414893

* 9 7 9 8 3 3 0 2 1 6 3 2 1 *

ספר
עץ חיים
לרבינו
חיים ויטאל ז"ל
שֶקִיבל ממרן האר"י זלה"ה
שַׁעַר אח"פ
שַׁעַר ד' פרק ב'
די"ז ע"ג – די"ז ע"ד
תש"פ
SimchatChaim.com
בהוצאת
שֹׁמחת חיים

ספר

עֵץ חַיִּים

לרבינו

חַיִּים וִיטַאל ז"ל

שֶׁקִּיבֵּל מִמָרן הָאֲרִ"י זלה"ה

שַׁעַר אֲבָ"א

שַׁעַר ד' פֶּרֶק ב'

דֵי"ז ע"ג – דֵי"ז ע"ד

תש"פ

SimchatChaim.com

בהוצאת

שִׂמְחַת חַיִּים

בס"ד

הקדמה

ירפא **ה**מאציל **וי**ושיע **ה**בורא את כל חולי בני ישראל, וישלח להם רפואה שלימה, רפואת הנפש ורפואת הגוף, בכל אבריהם ובכל גידיהם לעבודתו יתברך.

בי"ב במנחם אב תשס"ה, הובהלתי לבית החולים, הרופאים לא נתנו לי סיכוי לחיות יותר מכמה שעות בגלל מספר תסבוכות. עם כל זאת בזכות התפילות של בני ישראל הקדושים, ברחמיו הרבים, ריחם עלי הקדוש ברוך הוא, ונשארתי בחיים.

עם כל זאת, הובחנה אצלי מחלה קשה בכליות, ונאמר לי שהצטרך למכונת דיאליזה. בשבילי זה היה שוק!!! אף פעם לא הייתי אצל רופא, או בבית חולים. כך בעל כרחי התחברתי למכונת דיאליזה, ומכונה זאת הייתי[1] קשורה בי ככלב במשך שמונים חודשים בדיוק, כמניין **יסוד**, במשך 12-10 שעות ביום.

בשבת פרשת **ויחי יעקב** י"ב טבת תשע"ב, בזכות בני ישראל, שכולם אהובים כולם ברורים כולם גיבורים כולם קדושים... וכולם פותחים את פיהם באהבה שלוש פעמים ביום, ואומרים - **ברוך אתה... רופא חולי עמו ישראל**, וכללותם כל האברכים, תלמידי הישיבות, רבנים וחכמים, חסידים, מקובלים עם תינוקות של בית רבן, זקנים עם נערים, בחורים וגם בתולות, בארץ הקודש ובעולם. ומצד שני בנות ישראל היקרות מפז, שהתפללו וקבלו עליהם כל מיני קבלות, מהפרשת חלה עד צניעות וכיסוי הראש, עם הרבנים, המנהלים, המורים, המורות **והתלמידות של בית יעקב דטורונטו** שכל יום התפללו, וכללו בתפילתם שבקעה את כל הרקיעים אותי, ונושעתי אני הקטן. הושתלה בי כליה. והתנתקתי ממכונת הדיאליזה.

אמר המלך דוד - לולי[2] תורתך שעשעי אז אבדתי בעניי. מה שנתן לי חיות היא התורה הקדושה, בשעות הרבות שהיתי מחובר למכונת הדיאליזה)כ12 שעות ביום(, ערכתי סדרתי וכתבתי במחשב את קונטרסים שלמדתי במשך שנים. וקונטרסים אלו הפכו לחיבור, ואחרי התלבטויות ובקשות מבני גילי, החלטתי בעזרתו יתברך להדפיס קונטרסים אלו.

ידוע הוא כי כל כל דברי האר"י זלל"ה ותלמידו נאמן ביתו, רבינו חיים ויטאל הם סתומים וחתומים באלפי שרשראות ומנעולים, והרב ז"ל גלה טפה וכיסה אלפים אמה, וכלל דבריהם הוא משלים, עם כל זאת העוסק במשל פועל בעלמות העליונים בנמשל. לכן צריך זהירות גדולה לא להגשים את המשלים, בסוד המבואר בספר הזוהר הקדוש - **ועלייהו אתמר** ועליהם נאמר - **ארור האיש אשר יעשה פסל ומסכה וגומר, ושם בסתר, מאי בסתר** מהו בסתר - **בסתרו דעלמא** בסתר העולם. ובגין **דא אמר קודשא בריך הוא לא תעשון אתי** ומפני זה אמר הקדוש ברוך הוא לא תעשון אתי **אלה"י כסף ואלה"י זהב, והכי אוקמוה חבריא לא תעשון אתי כדמות שמשי שמשמשין אותי** וכך העמידוהו החברים לא תעשון אתי כדמות שמשי שמשמשים אותי במרום, **לצייר בסתר דילי שום ציור או דמיון** לצייר בסתר שלי שום ציור או דמיון, **דכל מאן דצייר לעיל לקודשא בריך הוא** שכל מי שמצייר למעלה לקדוש ברוך הוא, בסתר)**דאיהי שכינתיה, כלילא מעשר**

---

[1]

גמרא סוטה ד"ג ע"ב - גמרא סוטה ד"ג ע"ב – רבי אלעזר אומר, **קשורה בו ככלב**, שנאמר - ולא שמע אליה לשכב אצלה להיות. עמה לשכב אצלה בעולם הזה. להיות עמה לעולם הבא.

[2]

תהלים קי"ט צ"ב

ספיראן שהיא שכינתו, כלולה מעשר ספירות(, **שום ציור, וצלם, ודמות, כגוונא דמציירין בשמשין דיליה** שמצייירים בשמשים שלו, **נשמתיה אתלבשא בההוא צלמא** נשמתו מתלבשת באותו צלם....

וכן הוא בסוף ענף ד' דשער א' בספר עץ חיים שער ההקדמות, וז"ל הטהור - ואמנם דבר גלוי הוא כי אין למעלה גוף ולא כח גוף חלילה. וכל הדמיונות והציורים אלו לא מפני שהם כך חס ושלום. אמנם **לשכך את האוזן** לכשיוכל האדם להבין הדברים העליונים, הרוחניים, בלתי נתפסים, ונרשמים בשכל האנושי. לכן ניתן רשות לדבר בבחינת ציורים ודמיונים, כאשר הוא פשוט בכל ספרי הזוהר. וגם בפסוקי התורה עצמה כולם כאחד עונים ואומרים בדבר הזה, כמו שאמר הכתוב עיני הוי"ה המה משוטטים בכל הארץ. עיני הוי"ה אל צדיקים. וישמע הוי"ה. וירח הוי"ה. וידבר הוי"ה. וכאלה רבות. וגדולה מכולם מה שאמר הכתוב - ויברא אלהי"ם את האדם בצלמו בצלם אלהי"ם ברא אותו זכר ונקבה וגו'. **ואם התורה עצמה דברה כך** גם אנחנו נוכל לדבר כלשון הזה, עם היות שפשוט הוא למעלה שם שאין שם אלא אורות דקים בתכלית הרוחניות, בלתי נתפשים שם כלל, וכמו שאמר הכתוב - כי לא ראיתם כל תמונה, וכאלה רבות. ואמנם יש עוד דרך אחרת כדי להמשיך ולצייר בה הדברים העליונים, והם בחינת כתיבת צורת אותיות, כי כל אות ואות מורה על אור פרטי עליון, וגם תמונת זו דבר פשוט הוא כי אין למעלה לא אות ולא נקודה, **וגם זה דרך משל וציור לשכך את האוזן** כנזכר.....

ולכן כל המבואר כאן בחיבור זה הוא כדי **לשכך את האוזן**. והתרשימים שבסוף החיבור הם כדי **לשבר את העין**, לכן אין שום ביאור והסבר שלם, ואין שום תרשים שלם בתכלית השלמות.

ידוע כי[3] דברי תורה עניים במקומן ועשירים במקום אחר, **ועל אחת כמה וכמה** בדברי הרב ז"ל, שכל סוגיה חסרה[4] במקומה, וחלקיה מפוזרים במקומות אחרים. **זאת ועוד** הרב ז"ל מערבב בדרוש אחד כמה וכמה סוגיות, כאשר בפשטות דבריו נראה שכל הדרוש הוא דרוש אחד, ולא מחולק לסוגיות שונות, ושמועות שונות, **ביאור** דברי הרב ז"ל כאן הם **בעומק, והוא בעצם ליקוט** עד איפה שידי הקצרה הגיעה, מכל חלקי ספר עץ חיים, ושמונה השערים המצוינים לרב ז"ל, מבוא שערים ושאר ספרי הרב ז"ל, והוא גם על פי הקדמת רחובות הנהר למרן הרש"ש, דרושי פנימיות וחיצוניות, דרוש הדעת, סוגיות ערכין, סוגיות דכללות והתכללות, פרטות וכללות, וסוגיות עובי ואורך, ועל פי ביאור גדולי רבותינו חכמי המקובלים לדורותם זלה"ה זי"ע.

ידוע כי[5] אין בר בלי תבן, כך אין ספר בלי טעויות, ועוד יודע אני כי ועני אני, דל ועני אני, **ואין[6] עני אלא בדעה**. לכן מבקש אני בכל לשון של בקשה אם יש לכל אחד שאלות, הערות, הארות, תיקונים, נא לשלוח ל - book@simchatchaim.com‏ והשתדל לענות, ולתקן את הצריך תיקון.

בברכה והצלחה בלימוד התורה הקדושה

ובעיקר בפנימיות התורה, תורת האר"י החה"י.

ורפואה שלימה לכל חולי ישראל.

אחה"י

---

[3]

גמרא ירושלמי, ראש השנה פ"ג הלכה ה' די"ז ע"א – דברי תורה עניים במקומן, ועשירים במקום אחר.

[4]

תורת חכם דע"ב ע"ב – חסר לשון הוא, כמו שיראה המעיין.

[5]

גמרא ברכות נ"ה א' – מה לתבן את הבר נאם ה', וכי מה ענין בר ותבן אצל חלום, אלא אמר ר' יוחנן משום ר' שמעון בן יוחאי ,כשם שאי אפשר לבר בלא תבן, כך אי אפשר לחלום בלא דברים בטלים.

[6]

גמרא נדרים מ"א ע"א – אין עני אלא בדעה .

ב"ה

הקדמה קצרה לחיוב לימוד תורת הקבלה

ישמחו **ה**שמים **ו**תגל **ה**ארץ ירעם הים ומלאו. שזכינו בדור שלנו שפנימיות התורה, שהיא היא תורת הקבלה, מתפשטת לכל, וכל מקום בעולם היום לומדים בתורת הח"ן. הדור שלנו יש הרבה התעוררות ללמוד סתרי התורה הקדושה, הנקראת חכמת הקבלה. בירושלים של המאה ה18 בישיבת **בית אל** היו בקושי מנין של מקובלים, והיום תורת הקבלה מופצת בכל מקום בארץ ובעולם. לעניות דעתי אחת הסיבות העיקריות לשינוי זה הוא רצונם של בני התורה, החוזרים בתשובה ועמך לדעת את סוד החיים, למה ברא הקדוש ברוך הוא את העולם, ואת טעמי המצות, ר"ל אי אפשר היום בדור שלנו, להסביר על פי הפשט את הסיבה מדוע אסור לאכול בשר וחלב, מדוע צריך להניח תפילין, למה לשמור דווקא שבת ולא יום שלישי, אי אפשר להגיד כל הזמן **זאת גזרת הכתוב, כך רוצה הקדוש ברוך הוא**, האנשים מחפשים הסברים למצות, לסיפורי התנ"ך, לגלגולי נשמות, ועוד. ורק על ידי עסק בפנימיות התורה, אדם מסיג את ההסברים לקושיות שיש לו. **זאת ועוד** חיים אנחנו בדור של חומריות, והאנשים מחפשים את רוחניות שבחיים, אז מה עושים, נוסעים למזרח, להודו, סין, תאילנד למצוא רוחניות, ולא יודעים **שישורש כל הרוחניות בעולם נמצאת בתורה הקדושה**, עם כל זאת כאשר הלומד את פשט התורה, **הוא לא מכיר** את הקדוש ברוך הוא, והוא בלי יראת שמים ושמחה אמתית. כותב הרב המקובל האלוה"י רבינו יהודה פתייה בפרושו הנפלא על עץ חיים - כי לימוד עץ חיים הוא עמוק מאד מאד, כי הוא **מים שאין להם סוף**, והוא קשה מאד גם לחכמים ההוגים בו תמיד, וכל שכן למתחילים. כי הוא חזק מצור, וקשה מברזל, שאי אפשר לחצוב ממנו מאומה, אם לא על ידי כלי מחצב חזקים כציפורן שמיר. וכל המתחיל בלימוד עץ חיים, אם לא יהיה לו רב, או לפחות איזה מפרש המפרש לו כוונת הפרק ההוא לפי פשוטו, נבול יבול, ואינו יכול לעמוד על הפרק כי אם לאחר יגיעה רבה, ושקידה עצומה, וכולי האי ואולי. כי הרבה פעמים יסבור המעיין שהבין הענין ההוא כראוי, ואחר שילמוד עוד איזה פרקים אחרים, ירגיש כעצמו שלא הבין את פרקים הקודמים, והניסיון יעיד על זה, עד כאן דברי קודשו. עם כל זאת חייב כל אדם לעסוק בתורת **החיים**.

צדיק אתה הוי"ה וישר משפטיך. כתב הרב רבינו חיים ויטאל ז"ל בהקדמה לשער ההקדמות - והנה מה שכתב בתחילת דבריו, ואפילו כל אינון דמשתדלי באורייתא כל חסד דעבדי לגרמייהו וכו', עם היות שפשטו מבואר ובפרט בזמנינו זה, בעוונותינו היום אשר התורה נעשית קרדום לחתוך בה אצל קצת בעלי תורה, אשר עסקם בתורה על מנת לקבל פרס, והספקות יתירות, וגם להיותם מכלל ראשי ישיבות, ודיני סנהדראות, להיות שמם וריחם נודף בכל הארץ, **ודומים במעשיהם לאנשי דור הפלגה הבונים מגדל וראשו בשמים**, ועיקר סיבת מעשיהם היא מה שאמר אחר כך הכתוב - **ונעשה לנו שם**... והנה על הכת הזאת אמרו בגמרא כל העוסק בתורה שלא לשמה, נוח לו שנהפכה שליתו על פניו, ולא יצא לאויר העולם. ואמנם האנשים האלה מראים תימה וענוה באמרם כי כל עסקם בתורה הוא לשמה. והנה החכם הגדול התנא רבי מאיר ע"ה העיד עליהם שלא כך הוא, באומרו לשון כללות - כל העוסק בתורה לשמה זוכה לדברים הרבה וכו', **ומגלים לו רזי תורה, ונעשה כנהר שאינו פוסק**, והולך

וכמעיין המתגבר מאליו, בלתי הצטרכו לטרוח ולעיין בה, ולהוציא טיפין טיפין של מימי התורה מן הסלע, הנה זה יורה שאינו עוסק בתורה לשמה כהלכתה, ומי זה האיש אשר לא יזלו עיניו דמעות בראותו המשנה הזאת, **ורואה חסרונו ופחיתותו**, עד כאן לשונו. לכן כל אחד צריך לטעום מעץ החיים.

חצות לילה אקום להודות לך על משפטי צדקך. כתב רבינו אליהו מני זצ"ל רבו של הרי"ח הטוב, בספרו הקדוש כסא אליהו שער ד' וז"ל - ואם זיכך הוי"ה ללמוד בחכמת האמת, הנה עצה היעוצה היא שכל סדר הלימוד בנגלה תתנהג בו ביום דווקא. **אבל בלילה תלמוד בחכמת האמת, והעיקר הלימוד אחר חצות**, כי זה הלימוד צריך ישוב דעת הרבה, וכשיקוץ האדם אז דעתו מיושבת עליו יותר. גם גה הלימוד צריך הסתר והצנע, **וכל דבר שיהיה בלילה ובפרט אחר חצות יהיה נסתר יותר מן היום**. ותעשה ועד עם החברים בבית המדרש אם הוא צנוע, **או בביתך ותלמדו בכל לילה**, עד כאן לשונו. וישב ללמוד האדם בלילה תחת עץ החיים.

קראתי בכל לב ענני הוי"ה חקיך אצרה. בהקדמה[7] לשער ההקדמות מבאר הרב ז"ל - ואמנם אל יאמר אדם אלכה לי ואעסוק בחכמת הקבלה, מקודם שיעסוק בתורה במשנה ובתלמוד, כי כבר אמרו רבינו ז"ל - אל יכנס אדם לפרדס **אלא אם כן מלא כרייסו בבשר וייין**, והרי זה דומה לנשמה בלתי גוף, שאין לה שכר ומעשה וחשבון, עד היותה מתקשרת בתוך הגוף, בהיותו שלם מתוקן במצות התורה בתרי"ג מצות. **וכן בהפך** בהיותו עוסק בחכמת המשנה והתלמוד בבלי, ולא ייתן חלק גם אל סודות התורה וסתריה, כי **הרי זה דומה לגוף היושב בחושך**, בלתי נשמת אדם נר הוי"ה המאירה בתוכה, **באופן שהגוף יבש בלתי שואף ממקור חיים**, אשר זהו זה ענין אומרו במקום אחר ההוא הנזכר לעיל וז"ל - דאילין אינון דעבדי לאורייתא יבשה, ולא בעאן לאשתדלא בחכמת הקבלה וכו'. באופן כי התלמידי חכמים העוסקים בתורה לשמה, ולא לשמו, לעשות לו שם. צריך שיעסוק בתחילה בחכמת המקרא, והמשנה, והתלמוד, כפי מה שיוכל שכלו לסבול. ואחר כך יעסוק לדעת את קונו בחכמת האמת, וכמו שציוה דוד המלך ע"ה את שלמה בנו - דע את אלה"י אביך ועבדהו. ואם האיש הזה יהיה כבד וקשה בענין העיון בתלמוד, מוטב לו שיניח את ידו ממנו, אחר שבחן מזלו בחכמה זאת, ויעסוק בחכמת האמת. וזה שמבואר כל תלמיד חכם שאינו רואה סימן יפה בתלמוד בחמשה שנים, שוב אינו רואה, עד כאן דברי קודשו. ומזה כל אחד ואחד חייב להדבק במקור החיים.

חסדך הוי"ה מלאה הארץ חקיך למדני. בשער הגלגולים, בקדמה ט"ז כתב הרב ז"ל - עוד צריך שתדע, כי האדם צריך לקיים כל התרי"ג מצות, במעשה, ובדבור, ובמחשבה. וכמו שאמרו ז"ל על פסוק - זאת התורה לעולה ולמנחה וכו', כל העוסק בפרשת עולה, כאלו הקריב עולה וכו'. וכוונו בזה שהאדם מחוייב לקיים כל התרי"ג מצות בדבור, וכן על דרך זה במחשבה. ואם לא קיים כל התרי"ג בשלשה בחינות הנזכרות, מחוייב להתגלגל עד שישלים אותם. **עוד דע**, כי האדם מחויב לעסוק בתורה בארבעה מדרגות, **שסימנם פרד"ס**, והם, פשט, רמז, דרוש, סוד וצריך שיתגלגל עד שישלים אותם. ובהקדמה י"ז כותב הרב ז"ל - שהאדם **מחוייב לעסוק בתורה בארבעה מדרגות שבה**, והיא זאת, דע, כי כללות כל הנשמות

ע"ח ד"א ע"ד.

הם ששים רבוא ולא יותר. והנה התורה היא שרש נשמות ישראל, כי ממנה חוצבו, ובה נשרשו. ולכן יש בתורה ששים רבוא פירושים, וכלם כפי הפשט. וששים רבוא ברמז. וששים רבוא בדרש. **וששים רבוא בסוד**. ונמצא, כי מכל פירוש מן הששים רבוא פרושים, ממנו נתהווה נשמה אחת של ישראל, ולעתיד לבא כל אחד ואחד מישראל, ישיג לדעת כל התורה כפי אותו הפירוש המכוון עם שרש נשמתו, אשר על ידי הפרוש ההוא נברא ונתהווה כנזכר. וכן בגן עדן אחר פטירת האדם, ישיג כל זה. וכן בכל לילה כאשר האדם ישן, ומפקיד נשמתו ויוצאה ועולה למעלה, הנה מי שזוכה לעלות למעלה, מלמדים לו שם אותו הפירוש, שבו תלוי שרש נשמתו. ואמנם הכל כפי מעשיו ביום ההוא, כך באותה הלילה ילמדוהו, פסוק אחד, או פרשה פלונית, כי אז מאיר בו יותר פסוק ההוא משאר הימים. ובלילה האחרת יאיר בנשמתו פסוק אחר, כפי מעשיו של אותו היום, וכולם על דרך הפירוש ההוא אשר תלויה בו שרש נשמתו כנזכר, עד כאן דברי קודשו. ור"ל שכל יהודי ויהודי חייב להשיג את שורש נשמתו, וללמוד את סוד החיים.

יבאוני רחמיך ואחיה כי תורתך שעשעי. מבואר במדרש משלי - אמר רבי ישמעאל, בא וראה כמה קשה יום הדין שעתיד הקדוש ברוך הוא לדון את כל העולם כולו בעמק יהושפט. בזמן שתלמידי חכמים באים לפניו, אומר לכל אחד מהם - כלום עסקת בתורה, אמר לו הן, אומר לו הקדוש ברוך הוא הואיל והודית, אמור לפני מה שקרית, ומה ששנית בישיבה, ומה ששמעת בישיבה. מכאן אמרו - כל מה שקרא אדם יהא תפוש בידו, ומה ששנה כמו כן, שלא תשיגהו בושה ליום הדין. מכאן היה רבי ישמעאל אומר - אוי הלה לאותה בושה, אוי לה לאותה כלימה, ועל זה ביקש דוד מלך ישראל בתפילה ובתחנונים לפני המקום ואמר - הוי"ה בוקר תשמע קולי בוקר אערך לך ואצפה. בא לפניו מי שיש בידו מקרא ואין בידו משנה, הקדוש ברוך הוא הופך את פניו ממנו, ושרי גיהנם מתגברים בו כזאבי ערב, ונוטלין אותו ומשליכין אותו לתוכה. בא לפניו מי שיש בידו שני סדרים או שלושה, אז הקדוש ברוך הוא אומר לו - בני, כל ההלכות למה לא שנית אותם, ואם אומר הקדוש ברוך הוא הניחוהו, מוטב, ואם לאו עושין לו כמידת הראשון. בא לפניו מי שיש בידו הלכות, הקדוש ברוך הוא אומר לו - בני, תורת כהנים למה לא שנית, שיש בה טומאה וטהרה, וטומאת שרצים וטהרת שרצים, טומאת נגעים וטהרת נגעים, טומאת נתקים ובתים וטהרת נתקים ובתים, טומאת זבים ולידה וטהרת זבים ולידה, טומאת מצורע וטהרתו, סדר ווידוי יום הכיפורים, וגזירות שוות, ודיני ערכים, וכל דין שדנו ישראל לא דנו אלא מתוכו. בא לפניו מי שיש בידו תורת כהנים, אומר לו הקדוש ברוך הוא - בני, חמישה חומשי תורה למה לא שנית, שיש בהם קריאת שמע, ותפילין, ומזוזה. בא לפניו מי שיש בידו חמישה חומשי תורה, אומר לו - בני, למה לא למדת הגדה, ולא שנית, שבשעה שחכם יושב ודורש, אני מוחל ומכפר עוונותיהם של ישראל, ולא עוד אלא בשעה שעונין אמן יהא שמיה רבה מברך, אפילו נחתם גזר דינם אני מוחל ומכפר להם עוונותיהם. בא לפניו מי שיש בידו הגדה, אומר לו הקדוש ברוך הוא - בני, תלמוד למה לא שנית, שנאמר - כל הנחלים הולכים אל הים והים איננו מלא, זה התלמוד, שיש בו חכמות הרבה. בא מי שיש בידו תלמוד, הקדוש ברוך הוא אומר לו - בני, הואיל ונתעסקת בתלמוד, **צפית במרכבה, צפית בגאוה**, שאין הנייה בעולמי, אלא בשעה שתלמידי חכמים יושבים ועוסקים בתורה, מציצין ומביטין ורואין והוגין המון התלמוד הזה - **כסא כבודי היאך הוא עומד. רגל הראשונה במה היא משמשת, שנייה במה היא משמשת, שלישית במה היא משמשת, רביעית במה היא משמשת, חשמל היאך הוא עומד, ובכמה פנים הוא מתהפך בשעה**

אחת, לאי זה רוח הוא משמש, הברק היאך הוא עומד, כמה פנים של זוהר נראין בין כתפיו, לאיזה רוח משמש, כרוב היאך הוא עומד, לאי זה רוח הוא משמש. גדולה מכולם עיון כיסא הכבוד, היאך הוא עומד, עגול הוא כמין מלבן, ומתוקן הוא, כמה גשרים יש בו, כמה הפסק בין גשר לגשר, וכשאני עובר באיזה גשר אני עובר, ובאי זה גשר האופנים עוברים, ובאיזה גשר הגלגלים עוברים. גדולה מכולם מצפורני ועד קודקודי, היאך אני עומד, כמה שיעור בפיסת ידי, וכמה שיעור אצבעות רגלי. גדולה מכולם כיסא כבודי, היאך הוא עומד, לאיזה רוח הוא משמש, באחד בשבת לאיזה רוח הוא משמש, בשני בשבת לאיזה רוח הוא משמש, בשלישי בשבת לאיזה רוח הוא משמש, ברביעי בשבת, בחמישי בשבת, בשישי בשבת לאיזה רוח משמשין, וכי לא זהו הדרי, זהו גדולתי, זהו הדר יופי, שבניי מכירין את כבודי במידה הזאת. ועליו אמר דוד - מה רבו מעשיך הוי"ה, כולם בחכמה עשית, מלאה הארץ קנייניך. עד כאן לשון המדרש. ממדרש זה לומדים על חובת כל אחד ואחד מישראל את לימוד כל חלקי הפרד"ס, ובעיקר את בחינת הסוד שבתורה, הנקרא[8] מעשה מרכבה, ובמעשה בראשית. ומבאר הרב בית לחם יהודה על השינוי שיש בפסוקים במעמד הר סיני, בפסוק אחד כתוב - ויחן שם ישראל תחת ההר. ומספר פסוקים יותר מאוחר כתוב וירא העם וינועו מרחק. וידוע כי כאשר כתוב בתורה ישראל, מדובר בבני ישראל, וכאשר כתוב העם, מדובר על הערב רב. וז"ל הרב בית לחם יהודה - ובזוהר בהעלותך דף קנ"ב ע"א קרי להעוסקים בחכמת האמת, אינון דהוי קיימי בטורא דסיני. וז"ל - חכימין עבדי דמלכא עלאה אינון דקיימו בטורא דסיני, לא מסתכלי אלא בנשמתא, דאיהי עיקרא דכלא אורייתא ממש וכו'. ונראה בעיני אם מותר, משמע אותן שאינן יודעים סודות התורה לא עמדו על הר סיני, עד כאן לשונו. ונראה לי בביאור כוונתו כי בתחילה כשיצאו ישראל לקראת האלהי"ם, היו מתייצבים בתחתית ההר, ואחר כך נאמר וירא העם וינועו ויעמדו מרחוק, כי היו יראים פן תאכלם האש הגדולה הזאת וימיתו. והיה מקצת מהעם שהיו ששים ושמחים לקראת השכינה, ולא רצו לזוז ממקומם הראשון, ולעמוד מרחוק, אפילו אם ימיתו ממש. ועליהם הוא מה שכתב בזוהר הנזכר - אינון דקיימו בטורא דסיני, כלומר ולא נעו ועמדו מרחוק, אלא עמדו בטורא דסיני מתחילה ועד סוף, ולכן הם זוכים לחכמת האמת. ואותם הנשמות אשר נעו עם העם ועמדו מרחוק, כן הם עושים גם עתה, שנסים ועומדים מרחוק לחכמת האמת מיראתם, פן תאכלם האש הגדולה הזאת. ולכן על כל אחד ואחד מבני ישראל הקדושים מחויב לעמוד תחת עץ החיים.

יראיך יראוני וישמחו כי לדברך יחלתי. בספר הזוהר הקדוש מבואר מדוע התפילות של בני ישראל לא נענות, וז"ל תיקוני הזוהר תיקון מ"ג - בראשית תמן את"ר יב"ש במלת בראשית יש אותיות את"ר יב"ש, ודא איהו ונהר יחרב ויבש היסוד הנקרא נהר יחרב ויבש ממי השפע, ואין לו מה להשפיע למלכות, בההוא זמנא דאיהו יבש באותו הזמן שהיסוד הוא יבש, ואיהי יבשה המלכות הנקראת יבשה, היא יבשה כי לא מקבלת שפע מהיסוד, אז כאשר צווחין בניין לתתא מתפללים וצועקים בני ישראל, ביחודא ואמרין וביחוד שאומרים בני ישראל שמע ישראל שיבא ז"א הנקרא ישראל להתיחד עם נוקבא בשעת התפילה דעמידה, עם כל זאת ואין קול של התפילה או הקריאת שמע שעוזרים לזיווג דזו"ן ואין עונה ואין מי שיענה וימלא את הבקשות בתפילתם. הדא הוא דכתיב וזהו שכתוב - אז בני ישראל יקראוני

גמרא חגיגה די"א ע"ב

בני ישראל בעת צרתם בקריאת שמע ובתפילה, **ולא אענה** ואני לא אענה אותם בתפלתם, מפני שלא לומדים ומתעסקים בפנימיות התורה. **והכי מאן דגרים דאסתלק** וכל מי שגורם הסלקות פנימיות תורת הקבלה **וחכמתא מאורייתא דבעל פה ומאורייתא דבכתב** מהתורה שבעל פה והתורה שבכתב, **וגרים דלא ישתדלון בהון** וגורמים גם לאחרים שלא יתעסקו וילמדו את חכמת הקבלה, **ואמרין דלא אית אלא פשט באורייתא ובתלמודא** ואומרים שאין בתורה ובתלמוד אלא פשט התורה, בלי פנימיות הסוד, **בודאי כאלו הוא יסלק נביעו מההוא נהר** בודאי נחשב לו כאילו הוא מסתלק את נביעת שפע החכמה והבינה מן היסוד, **ומההוא גן** ומן הנוקבא הנקראת גן, **ווי ליה** לאותו יהודי **טב ליה דלא אתברי בעלמא** טוב לו שלא היה נברא, **ולא יוליף ההיא אורייתא דבכתב ואורייתא דבעל פה** ולא היה לומד תורה שבכתב ותורה שבעל פה, כי דינו כעם הארץ שלא למד כלל, ועוד **דאתחשב ליה כאלו אחזר עלמא לתהו ובהו** שנחשב לו כאילו החזיר את העולם לתהו ובהו, ר"ל לסוד שבירת הכלים לפי שמגביר הקליפות כאשר הנהר והגן יבשים, **וגרים עניותא בעלמא ואוריך גלותא** וגורם עניות בעולם ומאריך את הגלות השכינה וביאת המשיח. עד כאן דברי הזוהר הקדוש. וכותב רב חיים ויטאל זלה"ה בהקדמה וז"ל - אמנם שעשועות של הקדוש ברוך הוא בתורה, והיותו בורא בה את העולמו, היתה בהיותו עוסק בתורה בבחינת הנשמה הפנימית שבה, הנקרא - רזי תורה, הנקרא מעשה מרכבה, **היא חכמת הקבלה** כנודע אל היודעים, וטעם הדבר הוא להיותו עולם האצילות העליון מאד, טוב ולא רע, דלא יכיל להתערבא עמיה קליפה, ועליה אתמר - וכבודי לאחר לא אתן, כנזכר בספר התיקונין דף ס"ו תיקון י"ח, וכן בספר הזוהר בפרשת בראשית דף כ"ח ע"א עיין שם. ולכן גם התורה אשר שם]**אח"י** - בעולם האצילות[איננה רק מופשטת מכל לבושי הגופנים, מה שאין כן למטה בעולם היצירה, עולם דמטטרו"ן, הנקרא עבד טוב, והוא הנקרא עץ הדעת טוב מסטרא, ומסטרא דסמא"ל שהוא קליפין דיליה, **נקרא עבד רע**, כי התורה אשר שם, הם שית סדרי משנה **הנקראים שפחה** כנזכר לעיל, וכנזכר בפרשת בראשית שם דף כ"ז ע"א. ולכן נקראת משנה, לפי ששם יש שינויים הפוכים **טוב מסטרא דעבד טוב**, היתר, כשר, טהור. **רע מסטרא דעבד רע**, איסור, טמא, פסול. גם הוא מלשון כי מרדכי היהודי משנה למלך, שהיה שפחה הנקרא עבד מלך, מלך גם נקרא מלשון שינה, כנזכר בפרשת פינחס דף רמ"ד ע"ב - קם זמנא תנינא ואמר, מארי מתניתין בשמתין ורוחין ונפשין דילכון אתערו כען ואעברו שינתא מניכון דאיהו, ודאי משנה אורח פשט, דהאי עלמא ואנא לא אתערנא בכו, אלא ברזין עילאין דעלמא דאתי דאתון בהון, לא ינום ולא יישן. וזה יובן במה שמבואר יותר למעלה שם - **ורבנן דמתניתין ואמוראי, כל תלמודא דלהון על רזין דאורייתא סדרו ליה.** ונמצא כי המשנה והש"ס הם הנקרא גופי תורה. והנה דבריהם כחלום בלי פתרון, **ורזיה וסתריה הפנימים הנקרא בנשמת התורה, הם הם פתרון החלום הנפתר בהקיץ**, בסוד - אני ישנה ולבי ער, וכמו[9] שאמרו חכמים ז"ל - **במחשכים הושיבני כמתי עולם, זה תלמוד בבלי**, אשר איננו מאיר אלא על ידי ספר הזוהר, **הם הם רזי תורה וסתריה** אשר עליהם נאמר - ותורה אור. ואין ספק כי כמו שהיצר נקראת עבד ושפחה בערך האצילות, ונקרא קליפין ולבושין דחול, כנזכר בהקדמת ספר התיקונין ד"ג ע"ב וז"ל - וביומי דחול לביש עשר כתות דמלאכיא דמשמשי לעשר ספירות דבריאה. ואם כן אין לתמוה כי התורה אשר שם שהיא המשנה, תהיה נקרא שפחה וקליפין דתורה דאצילות, וזה סוד כל הבשר חציר הנזכר

לעיל במאמר הראשון, כי כמו שהחטה שהיא בגימטריא כמנין כ"ב אותיות התורה, הגנוזה תוך כמה קליפין ולבושין שהם הסובין והמורסן והתבן והקש והעשב, הנקרא חציר, כן המשנה אצל סודות התורה נקרא חציר, וזה נרמז בספר הזוהר פרשת כי תצא ברעיא מהמנא דף רע"ה ע"ב - **אצל רבנן ווי לאינון דאכלין תבן דאורייתא, ולא ידעי בסתרי אורייתא, אלא קלין וחמורין דאורייתא, קלין אינון תבן דאורייתא, וחמורין אינון חטה דאורייתא, ח"ט ה' אלנא דטוב ורע וכו'.** ואלו באתי להרחיב דרוש זה לא יספיקו מאה קונטרסין בלי שום גוזמא, האמנם החכם עיניו בראשו כי דברי אמת אני אומר, ואל יתמה האדם בראותו ספר הזוהר איך קורא אל המשנה שפחה וקליפין, כי עסק המשנה כפי פשטיה, **אין ספק שהם לבושין וקליפין חיצונים בתכלית אצל סודות התורה הנגנזים,** ונרמזים בפנימיותה כי כל פשטיה הם בעולם הזה בדברים חומרים תחתונים..... על כן על כל בני ישראל לאכול מעץ החיים.

מה אהבתי תורתך כל היום היא שיחתי. ומבאר הרב ז"ל בהקדמה לשער המצות, כי עסק לימוד פנימיות התורה הוא חלק בלתי נפרד מתלמוד תורה, וז"ל - גם בענין עסק התורה שהיא אחת מרמ"ח מצות עשה, אם לא השלים אותה, **שהוא ענין עסקו בפרד"ס התורה,** שהוא ראשי תיבות **פשט רמז דרש סוד,** בכל בחינה מהם כפי אשר יוכל להסיג, **עד מקום שידו מגעת,** לטרוח ולעשות לו רב שילמדנו. ואם לא עשה כן, הרי חסר מצוה אחת של תלמוד תורה, שהיא גדולה ושקולה ככל המצות, וצריך **להתגלגל** עד שיטרח הארבעה בחינות של פרד"ס כנזכר. וכן מבאר הרב בית לחם יהודה בהקדמתו הקדושה, וז"ל - ומה מאד נמלצו [**אח**]**"י** - מלשון מליצה] בזה דברי הנביא ירמיה)סימן כ"ב(באומרו - אל תבכו למת וכו'. שהוא מדבר עם הציבור המתקבצים להספיד על איזה צדיק הנפטר רח"ל, על שנחסר צדיק אחד מהדור שהיה מנין בזכותו עליהם. וקאמר להו הנביא אל תבכו וכו', **לפי שרובם של צדיקים אינם זוכים לעסוק בכל ארבעה חלקי הפרד"ס, ואם כן מוכרחים הם לחזור ולבוא בגלגול כדי להשלים לימודם בארבעה חלקים,** כי אפילו הוא עסק בשלוש חלקי הפרד"ס, לא יצא ידי חובתו, ועליו נאמר הן כל אלה יפעל א"ל פעמים שלש עם גבר, להחזירו בגלגול. ואם כן הויא פסידא דהדרא. ואפשר שבו ביום שנפטר הוא חוזר ומתגלגל, כנזכר בזוהר ריש פרשת אמור, יעו"ש. ואם כן אין לכם פסידא כל כך. אמנם בכו בכו להלך, לאותו צדיק שכבר עסק בארבעה חלקי הפרד"ס. כי תיבת להלך היא חסר ו', ואם תחשוב תיבת להלך ארבעה פעמים עם ארבעה הכוללים, שהם כנגד ארבעה חלקי הפרד"ס, הם בגימטריא פרד"ס. **שזה הצדיק לא ישוב עוד וראה את ארץ מולדתו, כי על ארבעה לא אשיבנו.** שזהו פסידא דלא הדרא באמת, ונחסר לגמרי מן העולם הזה, עד כאן לשונו. ולכן חובה על כל אדם לעסוק בכל חלקי הפרד"ס, ובפרט בחלק הסוד, הנקרא פנימיות התורה, כמבואר בזוהר הקדוש כמובא בזוהר הקדוש פרשת נשא דף קכ"ד - **בהאי חבורא דילך דאיהו ספר הזוהר יפקון ביה מן גלותא ברחמי,** בזכות הלימוד בספר הזוהר הקדוש, יצאו בני ישראל מהגלות **ברחמים.** ועוד כל מי שחשקה נפשו ללמוד, אסור למנוע זאת ממנו, בסוד הפסוק[10] - אל תמנע טוב מבעליו, ועל כל אדם להיכנס לפרד"ס החיים.

משלי ג' כ"ז – אל תמנע טוב מבעליו בהיות לאל ידך לעשות.

אשרי האיש אשר לא הלך בעצת רשעים ובדרך חטאים לא עמד ובמושב לצים לא ישב. דע כי יהיו הרבה אנשים רשעים, שינסו למנוע מבני ישראל הקדושים ללמוד בכללות תורה, ובפרט את תורת הקבלה, מכל מיני סיבות ומניעות, והשטן מדבר מגרונם של אלו הרשעים. ואלו דברי קודשו של בעל שבט מוסר רבינו אליהו הכהן האתמרי זצלה"ה - ובהביטך בן אדם מה שעבר על אחרים למה תרדוף אתה אחר כל אלה הדברים הזרים, להשביע נפש מרורים ולמוסרה ביד צרים המה המקטרגים הצוררים, ולמה לא תחמול על נפשך ועל נועם תבנית צלם גופך למוסרו בידן ולהשליכו בתוך גחלי רתמים בטיט היון של גיהנם, להשחירו ולהתיכו כאשר ניתך הזפת בפני האש, אשר על כן תן עצה אתה בנפשך **לברור בדרך החיים בעסק התורה והמצות**, וגם להצטער עצמך זמן קצוב הם חיי עולם הזה, כדי שתתענג זמן רב בלתי סוף ותכלית, ואל יעלה על דעתך כאשר עלה בדעת הרבה שנאבדו בידם באומרם כיון שמכיר אני בעצמי שאין בדעתי להבין ולהשכיל, איני עוסק בתורה, טועה הוא בדבר, שהרי הוא מחוייב לעשות מה שנצטוה לעשות, ואם יבין יבין, **שהרי והגית בו יומם ולילה כתיב** ולא כתיב ותבין בו, וכן תמצא בדברי התנא אם למדת תורה הרבה נותנין לך שכר הרבה, ואינו אומר אם הבנת הרבה, אלא למדת אמרו, ותשתדל להבין ואם תבין תבין, ואם לא שכר לימודך בידך, וכמאמר התנא לפום צערא אגרא, ומה גם שאמרו האדם איני לומד מפני שאיני מבין, **הוא פיתוי היצר**, יתמיד בלימודו וסוף הבינה לבא, שבראות קדוש ברוך הוא **חשקו בתורתו** ודבקותו בה, **פותח לו מעייני החכמה**, דכתיב - כי הוי"ה יתן חכמה מפיו דעת ותבונה. והנני מוסר לך דבר אשר תרדוף אחריה, ויהיה חיים לנפשך וענקים לגרגרותיך, **לעולם יהיה עיקר לימודך בדבר של תורה שליבך חפץ יותר**, אם בגמרא גמרא, ואם בדרוש דרוש, ואם ברמז רמז, **ואם בקבלה קבלה**, ורמז לדבר כי אם בתורת הוי"ה חפצו, כלומר תורת הוי"ה תלויה בדבר שלבו חפץ לעסוק, וכמו שמבאר האר"י זלה"ה בספר דרושי הנשמות והגלגולים פרק שלישי, וז"ל - יש בני אדם שכל חפצם ועסקם בפשטי התורה, ויש שעסקם בדרוש, ויש ברמז, ויש גם כן בגימטריות, **ויש בדרך האמת**, הכל כפי מה שעליו נתגלגל בפעם ההוא, כיון שהשלים פעם אחרת בשאר העניינים, אין צורך לו שבכל גלגול יעסוק בכולם, עד כאן לשונו. **ואל תביט ותשגיח לדברי המתנגדים על מה שחשקת לעסוק בתורה** בגמרא או בפשט או בדרוש וכו', באומרם לך למה אתה מוציא כל ימיך בפרט זה של תורה ולא בפרט זה, משום שעל מה שחשקת ללמוד, על דבר זה זה באת לעולם, ואם תשים דעתך לדבריהם, יכריחוך להתגלגל בזה העולם פעם אחרת ולעבור נפשך בחרב חדה של מלאך המות ולטעום טעם מיתה, ולכן לא תשמע לדברי המשחית נפשך, **כי דע שהשטן מתלבש באלו האנשים לדאוג ולהצטער ולהכאיב נפש הלומד ועוסק בתורה**, בחלק שֶׁאָנְתָה נפשו לעסוק, כדי להבדילו משם שלא ישלים נפשו, על מה שבא להשלימה, ולהכריחו גלגולים אחרים, וכשם שבדבר שחושק יותר האדם ללמוד, משם יבין שעל דבר זה נתגלגל להשלים, כך צריך האדם שידע שורש נשמתו ומהיכן נמשך ועל מה בא לתקן ולהשלים, כמו שאמר בזוהר שיר השירים על הגידה לי את שאהבה נפשי וכו'. **וכדי שיבין יראה באיזה מצוה תקיף יצרו יותר לבטלה יתחזק בה לקיימה, כי בוודאי על מצוה זו נתגלגל**, וכדי שלא ישלים חוקו מנגדו יצרו לבטלה להוציאו מן העולם בידיים ריקניות... ולכן לא תשמע לדברי רשעים אלו, אלא תשמע לדברי חיים.

חבר אני לכל אשר יראוך ולשמרי פקודיך. בסוף[11] עץ חיים מובא מספר כללים למהרח"ו, וז"ל - להאר"י זלה"ה. הרמב"ן וחבריו ודברי ראשונים כמו רבי נחוניא בן הקנה לא הזכירו רק עשר ספירות, ולא גילו עניני פרצוף כלל. **ודע שהרמב"ן והראשונים היו יודעים בפרצוף**, אלא שדברו בהעלם גדול, לרוב הגלות שלא ניתן רשות לגלות, ולהתפשט האורות הגדולים, מאחר שגברו הקליפות, וכל זר לא יאכל קדש. **אמנם בעקבות משיחא כמו בדורינו זה התחילו האורות להתפשט להיות כבראשונה**, כמו שהיה בזמן העולם מתוקן ולהתתקן מעט. ומתחלה היו האורות סתומים, היה העולם מקולקל, וכל מה שנתקלקל נסתם בגלות, ולא היו משיגין אלא עשר ספירות בסתום, בסוד הנקודות, כל אחד כלול מעשר, ובענין הפרצופים לא נתגלה להם כלל, לפי שמצאו בדברי הראשונים סתומים, ולא ידעו עומק הדברים, וחשבו שכך הוא ודברו בעשר ספירות כל אחד כלול מעשר ובחינות הרבה, ולפי שראיתי מי שחולק על דברים אלו לאמור שלא מצינו אלא עשר ספירות, ומהיכן יש לשלוט כח לאמור כמה פרצופים שנמצא יותר מעשר ספירות, ומספר רב והלא הראשונים כתבו בספר יצירה - עשר ולא תשע, עשר ולא י"א, לזה באתי לפתוח לך כחודא דמחטא, אולי תזכה להבין מקצת, וכולו לא תשורנו עין, וזהו. ובהקדמתו[12] הקדושה כותב הרב ז"ל - והנה אין בכל דור ודור שלא נמצאו בו אנשים יחידי סגולה ששרתה עליהם רוח הקודש, והיה אליהו הנביא ז"ל נגלה עליהם, **ומלמד אותם סתרי החכמה הזאת**, וכמו שנמצא כתוב בספרי המקובלים, גם בעל ספר הרקנטי כתב בפרשת נשא בפרשת ברכת כהנים..... ואנשי לבב שמעו לי, אל יהרסו אל הוי"ה, **לראות בספרי האחרונים הבנויים על פי השכל האנושי**, ושומע לי ישכון בטח ושאנן מפחד רעה. ולכן אני הכותב הצעיר חיים וויטאל, רציתי לזכות את הרבים **בהעלם נמרץ והמשכילים יבינו**, וקראתי שם החבור הזה על שמי **ספר עץ חיים**, וגם על שם החכמה הזאת העצומה, חכמת הזוהר, הנקרא עץ חיים, ולא עץ הדעת כנזכר לעיל, בעבור כי בחכמה הזאת טועמיה חיים זכו, ויזכו לארצות החיים הנצחיים, **ומעץ החיים הזה ממנו תאכל, ואכל וחי לעולם**. ואשכילך ואורך דרך זו תלך דע מן היום אשר מורי זלה"ה החל לגלות זאת החכמה, **לא זזה ידי מתוך ידו אפילו רגע אחד**, וכל אשר תמצא כתוב באיזה קונטריסים על שמו ז"ל, ויהיה מנגד מה שכתבתי בספר הזה, **טעות גמור הוא, כי לא הבינו דבריו, ואם יש בהם איזה תוספות שאינו חולק עם ספרינו זה, אל תשית לבך בקבע אליו, כי שום אחד מהשומעים את דברי קדשו, לא ירדו לעומק דבריו וכוונתו, ולא הבינום**, בלי שום ספק. ואם יעלה בדעתך לחשוב שתוכל לברור הטוב ולהניח הרע, אל בינתך אל תשען, כי אין הדברים האלו מסורים אל לב האדם כפי שכל אנושי, והסברא בהם סכנה עצומה, ויחשב בכלל קוצץ בנטיעות חס ושלום, לכן הזהרתיך ואל תסתכל בשום קונטרסים הנכתבים בשם מורי זלה"ה, זולתי במה שכתבנו לך בספר הזה, **ודי לך בהתראה זאת**, אלו הם דברי קדשו. ועלינו ללמוד אך ורק בתורת מורינו חיים.

אני קראתיך כי תעבני אל הט אזנך לי שמע אמרתי. עוד כתב הרב ז"ל בהקדמתו תנאים כדי לזכות לחכמה הקדושה הזאת, וז"ל - אני הכותב משביע בשמו הגדול יתברך, לכל מי שיפלו

---

[11]

ע"ח ח"ב דקי"ט ע"א.

[12]

ע"ח ד"ד ע"ב.

הקונרטסים אלו לידו, שיקרא הקדמה זאת, ואם אותה נפשו לבוא בחדרת החכמה זאת, יקבל עליו לגמור ולקיים כל מה שאכתוב ויעיד עליו יוצר בראשית, שלא יבוא אליו היזק בגופו ונפשו, ובכל אשר לו, ולא לאחרים. תחת רודפו טוב והבא לטהר ולקרב. **ראשית הכל יראת הוי"ה, להשיג יראת העונש, כי יראת הרוממות, שהוא יראה הפנימית, לא ישיגוהו רק מתוך גדלות החכמה**, ועיקר מגמתו בידיעה הזה יהיה לבער קוצים מן הכרם, כי לכן נקראים העוסקים בחכמה הזאת מחצדי חקלא. **ובודאי שיתעוררו הקליפות נגדו לפתותו ולהחטיאו, לכן יזהר שלא לבוא לידי חטא אפילו שוגג**, שלא יהיה להם שייכות בו, לכן צריך ליזהר מהקלות, כי הקדוש ברוך הוא מדרדק עם הצדיקים כחוט השערה, לכן צריך לפרוש עצמו מבשר ויין כל ימות השבוע, **וצריך הזהרת סור מרע ועשה טוב**, ובקש שלום. בקש שלום צריך להיות רודף שלום, ולא להקפיד בביתו על דבר קטן וגדול, וכל שכן שלא יכעוס ח"ו.

וצריך להתרחק בתכלית הריחוק סור מרע.

א. ליזהר בכל דקדוקי מצות, ואפילו בדברי חכמים, שהם בכלל לא תסור.

ב. לתקן המעוות קודם שיבא לעולם הבא.

ג. יזהר מהכעס, אפילו בשעה שמוכיח את בניו, לא יכעוס כלל ועיקר.

ד. גם צריך ליזהר מהגאוה, ובפרט בענין הלכה, כי גדול כחה והגאוה, בזה עון פלילי.

ה. בכל צער שיבא לו, יפשפש במעשיו וישוב אל הוי"ה.

ו. גם יטבול בעת הצורך לו.

ז. גם יקדש את עצמו בתשמיש המטה שלא יהנה.

ח. שלא יעבור כל לילה ויחשוב בכל לילה מה שעשה ביום, ויתודה.

ט. גם ימעט בעסקיו ואם אין לו פרנסה כי אם על ידי משא ומתן, יכין יום שלישי ויום רביעי, מחצי היום ואילך, ובכוונה שהוא לעבודת קונו.

י. כל דבור שאינו של מצוה והכרחי, יהיה זהיר ממנו, ואפילו דבר מצוה ימנע בשעת התפלה.

ועשה טוב

א. לקום בחצי הלילה, ולעשות הסדר בשק ואפר ובכי גדול, ובכוונה כל אשר יוציא בשפתיו. ואחר כך יעסוק בתורה כל זמן שיוכל להיות בלי שינה, ובלבד שחצי שעה קודם עלות השחר יתעורר לעסוק בתורה.

ב. ילך לבית הכנסת קודם עלות השחר, קודם חיוב טלית ותפילין, להיזהר שיהיה מעשרה ראשונים.

ג. קודם שיכנס, ישים אל לבו מצות עשה ואהבת לרעך כמוך, ואחר כך יכנס.

ד. להשלים רמז צדיק בכל יום. שהוא צ' אמנים, ד' קדושות, י' קדישים, ק' ברכות.

ה. שלא להסיח דעתו מהתפילין בעת התפילה, זולת בעת העמידה ועסק התורה.

ו. צריך שיהיה עוסק בתורה, מעוטף בטלית ותפילין.

ז. לכוין בתפלה הכוונות, כמו שנבאר בע"ה.

ח. שישים תמיד נגד עיניו שם בן ארבעה אותיות הוי"ה, ויזדעזע ממנו, כמו שכתוב - שויתי הוי"ה לנגדי תמיד.

ט. שיכוין בכל הברכות, בפרט בברכת הנהנין.

י. צריך שיהיה עמל בתורה פרד"ס, שנאמר או יחזיק במעוזי, ואל יחשוב שיגלו לו רזי התורה בהיותו ריק, כדכתיב - יהב חכמתא לחכימין, וצריך ליזהר שלא יוציא בשפתיו בחכמה זו, מה שלא שמע מאדם שראוי לסמוך עליו, וכאזהרת רשב"י וחבריו. השגת החכמה תנאי הראשון, צריך למעט דבורו, ולשתוק, כל מה שיוכל כדי שלא להוציא שיחה בטילה, כמאמר רז"ל - סייג לחכמה שתיקה. גם תנאי אחר, על כל דבר תורה שלא תבינהו, תבכה עליו כל מה שתוכל. גם עלית הנשמה בלילה לעולם העליון, שלא תשוט בהבלי העולם, תלוי שתישן בבכיה. ומרת עצבות מגונה עד מאוד, ובפרט להשיג חכמה, והשגה אין לך דבר מונע השגה יותר מזה. גם בענין השגת האדם, אין לך דבר שמועיל כמו הטהרה והטבילה, שיהיה האדם טהור, בכל עת ומורי זלה"ה עם היות שהיה לו חולי השבר שהקור מזיק לו, עם כל זה לא היה מונע מלטבול בכל עת, עד כאן דברי קודשו. ועלינו לקיים את בקשת הרב ז"ל את הבחינות של[13] סור מרע ועשה טוב, כדי לטפס בעץ החיים.

מרן הרש"ש מעיד[14] על עצמו, וז"ל - וראיתי מה שכתבו מעלת כבוד תורתם, על ענין עבודת הוי"ה שקצרתי במקום שהיה ראוי להרחיב מעט הדיבור, אמת הוא כי לכתחילה קצרתי בו, **יען ראיתי כמה מהנזק יצא ממה שכתבו בזה המקובלים שקדמו, כי רבים חללים הפילו, וחלול כבוד הוי"ה, וכבוד התורה. הוי"ה יכפר בעדם, כי כל דבריהם לא על פי התורה הם, ואינם מיוסדים על האמת, ומהם יצאו אבות, ומאבות תולדות הריסת יסודי התורה ח"ו, הוי"ה יכפר. וכל זה לא שלמדתי בדבריהם ח"ו**, אלא שפעם אחת הוכרחתי בעל כרחי לעיין בדף אחד שכתוב בו קצור מה שכתבו בענין זה, **וכמעט שקרעתי בגדי לראות דברים אשר לא כן על הוי"ה.** הוי"ה יכפר, וכבר מילתי אמורה להם, **כי עידי בשמים כי כל עסקי ולמודי, אינו רק בדברי האר"י זלה"ה, ותלמידו מהרח"ו ז"ל לבדם, ובלעדם אין לי עסק בשום ספר מספרי המקובלים ראשונים ואחרונים, ואפילו בדברי שאר תלמידי האר"י ז"ל לא למדתי, וכשיזדמן לפני דבר מדבריהם, אני מדלגו.** כי על כן איני כמזהיר, אלא כמזכיר, למען הוי"ה אל יהי לכם מגע יד בדבריהם, ובפרט בענין זה, השמרו לכם פן יפתה לבבכם, **אלא כל לימודם לא יהיה אלא בעץ חיים ובספר מבוא שערים ובשמונה שערים המפורסמים,** שכולם דברי אלהי"ם חיים. ואני קצרתי בענין זה כל מה שאפשר, כי יראתי פן יפלו דפים אלו ביד מי שעדיין לא למד דברי האר"י ז"ל כראוי, **ויחשידני שלמדתי בספרים אחרים, ולא כן הוא כאמור**, ולכן קצרתי בו, ופיזרתי בהקדמה, עד כאן דברי קודשו של מרן הרש"ש. ואנחנו תפילה שיתגלה משיח צדיקנו במהרה בימינו, ומלאה[15] הארץ דעה את הוי"ה כמים לים מכסים, דעת תורת החיים.

13

תהלים ל"ד ט"ו – סור מרע ועשה טוב בקש שלום ורדפהו.

14

נהר שלום דף ל"ד ע"א.

15

ישעיהו י"א ט' – לא ירעו ולא ישחיתו בכל הר קדשי כי מלאה הארץ דעה את הוי"ה כמים לים מכסים.

כתב רבינו גאון הקבלה רבי אליהו מני, רבו של הרי"ח הטוב, רבי יוסף חיים בעל הספר "בן איש חי", בספרו הקדוש **כסא אליהו** כי על הלומד ללמוד כל מאמר ומאמר ארבעה חמשה פעמים בלי המפרשים, וינסה להבין את המאמר בעצמו. ואחר כך ילך לראות אם כיוון לדעת המפרשים.

וכן אני הקטן מבקש בכל לשון של בקשה, ללמוד את הדרוש כמו שהוא מובא בספר עץ חיים, ארבעה חמישה פעמים, כדי לנסות להבין את הדרוש. וכל דרוש מובא בתחילת הספר במלואו.

אחר כך יכנס ללמוד את הדרוש עם ביאור הדברים, עוד ארבעה חמישה פעמים, ואחר כך יראה את המקורות להגהות, ודברי רבותינו הקדושים, עם התרשימים וטבלאות.

ואז יעלה ויצליח בלימוד תורת האר"י הח"י.

כתב רבינו **השד"ה** רבי שאול דוויק הכהן, בהקדמת ספרו איפה שלימה, על אוצרות חיים וז"ל - וכדי שיוכל לעלות לימודו למעלה, ריח ניחוח לה'. קודם כל לימוד ימסור עצמו על קדושת ה', כי זה מועיל מאוד, כמו שכתוב בשער הכוונות דף כ"ד ע"ב, כי עתה בזמנינו בעוונותינו הרבים אין יכולת לעשות זווג כתיקונו למעלה, ולסיבה זו הקץ מתארך וכו'. אמנם עם כל זה יש קצת תיקון במה שנמסור נפשינו על קידוש ה' בכל הלב, כי על ידי כן אפילו אין בנו שום מעשים טובים, והרשענו עד להפליא. הנה על ידי מסירת נפשינו להריגה, מתכפרים עונותינו כולם, ויש בנו יכולת לעלות עד אימא עילאה, כמו שאמרו חז"ל - גדולה תשובה שמגעת עד כסא הכבוד, שנאמר - שובה ישראל עד ה' וכו', עד כאן דבריו.

וזה הסדר

יקבל עליו ארבע מיתות בית דין, מארבעה אותיות הוי"ה וארבעה אותיות אדנ"י, וליחדם על ידי ארבעה אותיות אהי"ה ועל ידי עסמ"ב

סקילה   י   **א**   וליחדם על ידי **א**   יוד ה֯"י ויו ה֯"י

שרפה   ה   **ד**   וליחדם על ידי **ה**   יוד ה֯"י ואו ה֯"י

הרג   ו   **נ**   וליחדם על ידי **י**   יוד ה֯"א ואו ה֯"א

וחנק   ה   **י**   וליחדם על ידי **ה**   יוד ה֯"ה וו ה֯"ה

לְשֵׁם יִחוּד

קֻדְשָׁא בְּרִיךְ הוּא וּשְׁכִינְתֵּה

יאהדונהי

בְּדְחִילוּ וּרְחִימוּ   וּרְחִימוּ וּדְחִילוּ

יאהדויהה   איההיוהה

לְיַחֲדָא אוֹתִיּוֹת י"ה בו"ה, בְּיִחוּדָא שְׁלִים

יהו"ה

בְּשֵׁם כָּל יִשְׂרָאֵל, לְאַקָמָא שְׁכִינְתָּא מֵעַפְרָא, הָרֵינִי לוֹמֵד בַּסֵפֶר
קַבָּלָה פְּלוֹנִי שֶׁהוּא כְּנֶגֶד תִּפְאֶרֶת דז"א בְּעוֹלָם הָאֲצִילוּת שֶׁבּוֹ
שֵׁם מ"ה כָּזֶה יוֹ"ד הֵ"א וָא"ו הֵ"א לַעֲשׂוֹת מֶרְכָּבָה. וִיהִי רָצוֹן
מִלְפָנֶיךָ ה' אֱלֹהֵינוּ וֵאלֹהֵי אֲבוֹתֵינוּ שֶׁתְּזַכֵּךְ רוּחֵנוּ וְנַפְשֵׁינוּ שֶׁיְּהִי
רְאוּיִים לְעוֹרֵר מֵיִן תַּתָאִין עַל יְדֵי קְרִיאַת סֵפֶר הַקַבָּלָה הַזֹּאת.
וִיהִי נֹעַם יְהֹוָה אֱלֹהֵינוּ עָלֵינוּ וּמַעֲשֵׂה יָדֵינוּ כּוֹנְנָה עָלֵינוּ וּמַעֲשֵׂה
יָדֵינוּ כּוֹנְנֵהוּ.

בָּרוּךְ ה' לְעוֹלָם אָמֵן וְאָמֵן, נָצַח, סֶלָה, וָעֶד.

שער ד' פרק ב'

אמנם סוד הקפה זו שביארנו בפ"א אינו מתפשט למטה רק ממקומה היא מקפת מלמעלה למטה כמ"ש בסוד או"מ. לכן תראה שלא נזכיר אנחנו רק מסוד הנשמה ולמטה לבד אמנם תראה איך היותר עליון עתה מן המתפשטים הוא סוד הבל אזן כי הוא מתפשט למטה בסוד הנשמה לכן אנו אומרים תמיד משל א' כדי לשכך האזן לבד לפי שאין אנו מגיעים אפי' דרך משל רק עד האזן לבד ולא יותר למעלה ואפי' שם אינו רק לשכך האזן לכן אין אנו אומרים לשכך את העין וכיוצא בזה.

ודע כי בחי' אלו ג' הבלים כולם נמשכו עד כנגד הפה ושם מתקבצים כולם כי הבל היוצא מהאזן הוא מתקבץ נגד הפה והוא נמשך מלמעלה למטה כנגד הזקן מב' צדדיו ונמשך עד כנגד הפה. וכן הבל החוטם נמשך דרך אותו ארחא שיש על הפה נגד החוטם שהוא תיקון ג' מי"ג תיקוני דיקנא. וכן הבל הפה נמשך דרך אותו ארחא ב' הנקרא לא החזיק לעד אפו וג' הבלים אלו מתחברים למטה נגד הפה והם מתחברים בסוד נר"ן. אמנם דע כי טבע של הבל היוצא מפה וחוטם וכיוצא דרכו להמשיך באורך לחוץ בכח ואחר שהוא יוצא בקילוח אח"כ מתפרש לצדדין כנודע בחוש הראות ובודאי)כי' (אע"פ שהכל הוא הבל א' עכ"ז יש)קצת ל"ג(חילוק בין קצת ההבל אשר הוא נגד הפה עצמו או החוטם אל שאר ההבלים המתפשטים לצדדין. וטעם שההבל שהי' נגד הפה ממש הנה הוא דבק במקורו קשר אמיץ)דבוק קשור ואמיץ ל"ג(ותמיד מגיע השפע אליו וזהו הנזכר בס"ה דא"ס מטי ולא מטי כי הוא תמיד נדבק בא"ס ע"י אותו קילוח ההבל היוצא מפה בחוזק ומכה תמיד וזה קצת ההבל נקרא פנימי ושאר ההבל המתפשט נקרא חיצון. נמצא כי הבל)זה הבל(היותר קרוב למוצא הפה וחוטם נקרא פנימי והיותר רחוק נקרא חיצון נמצא כי הבל זה הראשון הוא עצמות האור הא"ס ממש המתפשט לחוץ ואפי' הבל המתפשט לצדדין אשר נקרא חיצון גם הוא מהההתפשטות עצמו רק שאינו דומה לראשון שהוא יותר פנימי עם שהכל הוא הבל א' וענין זה הוא בג' הבלים הנ"ל. ודע כי מהבל פנימי של האזן נעשה ממנו בחי' ראש לנשמה להיותו עליון קרוב יותר אל מוצא מקור ההבל. והבל החיצון המתפשט הוא בחי' הגוף לנשמה כי כמו שיש בגוף עצמו החומרי בחי' גוף וראש גם בנשמה עצמה יש לה בחי' ראש וגוף כי קצת מהנשמה מתפשט בראש אדם וקצת אחרון היותר עב מתפשט בגוף אדם. גם מהבל החוטם נעשה ב' בחי' אלו ראש אל הרוח וגוף אל הרוח מפנימית וחיצונית. היותר קרוב אל החוטם הנקרא פנימי נעשה ראש. וחיצונית נעשה גוף. גם מהבל פה נעשה עד"ז בחי' נפש של ראש ובחי' נפש של גוף הרי ביארנו ענין נר"ן.

פרק ב'

דרוש זה מקורו מספר הדרושים וצריך לכתוב מ"ק בראש הדרוש.

פרק זה הוא המשך לפרק א'.

אמנם[16] **סוד הקפה** הכוונה היא למקיף דחיה ומקיף דיחידה זו **שביארנו בפרק א'** שהם בחינת סוד הסתכלות העינים, והארת הקרקפתא, **אינו מתפשט למטה** כלומר עצמותה לא מתפשטת, אלא רק הארה שלה נמשכת למטה, **רק ממקומה היא מקפת מלמעלה למטה** להקיף רק הארת החיה נמשכת למטה[17], **כמו**[18] **שביארנו בסוד אור מקיף** דחיה ויחידה. **לכן תראה שלא נזכיר אצלנו רק מסוד הנשמה ולמטה לבד** ואת בחינת החיה ויחידה הרב ז"ל לא מזכיר[19]

16

בית לחם יהודה ש"ד פ"ב - אמנם סוד הקפה זו שביארנו בפרק א'. קאי על מה שכתב בפרק א' קודם דרוש רבינו גדליה ז"ל, שכתב שם שבחינה החיה שהיא חכמה סוד הסתכלות העינים הם נשמה לנשמה והיא מקפת לנר"ן הפנימיים שהם אח"ן יעו"ש, וכדי שלא נסבור שהיא עצמה יורדת למטה ומקפת על הנר"ן משום הכי אתא לא שמעינן שאינה מתפשטת למטה, אלא רק ממקומה בהיותה בתוך עיני א"ק היא מקפת מלמעלה למטה, שאם אינה מקפת עד למטה היאך עשתה ההסתכלות למ"ד כלים לאורות אח"ף, כנזכר בדרוש רבי גדליה דלעיל, ובפרק ג' שבסמוך, ועיין בשער הקדמות די"ד ע"ג שם שם מבואר היטב.

17

בחינת היחידה דיחידה נשארת במקומה, והארה שהם נרנ"ח דיחידה יורדים להקיף למטה, וכן בחינת חיה דחיה נשארת למעלה במקומה, והענפים שהם נר"ן דחיה יורדים להקיף סביה הגוף, אשר בתוכו נר"ן הכוללים.

18

בית לחם יהודה ש"ד פ"ב - כמ"ש בסוד אור מקיף. של החיה היוצאה בסוד אור חוזר דרך שערי רישא, כמבואר בסוף פרק ג' דשער מ"ב, ובפרק א' דשער מ"ה ובדברינו דהתם.

19

בחינות נרנח"י הם כנגד אותיות הוי"ה, כאשר בחינת החיה היא כנגד י' דהוי"ה. אות י' דהוי"ה היא הכי קטנה, ונעלמת. וכל שכן קוץ של י' שהוא בחינת היחידה, והיא יותר נעלמת.
תרשים ב - א.
גם כאן הרב ז"ל לא מזכיר את בחינת החיה כי גבוהה מעלתה, והיא נעלמת. לכן הרב ז"ל מתחיל לדבר רק מבחינת הנשמה ולמטה.
תרשים ב - ב.
זהר חיי שרה דקכ"ב ע"ב - **זכאה איהו מאן דאזעיר גרמיה בהאי עלמא** אשרי מי שמקטין את עצמו בעולם. **כמה איהו רב ועלאה בההוא עלמא** כמה הוא גדול ועליון בעולם ההוא. **והכי פתח רב מתיבתא** וכך פתח ראש הישיבה, **מאן דאיהו זעיר איהו רב** מי שהוא קטן הוא גדול, **מאן דאיהו רב איהו זעיר** מי שהוא גדול הוא קטן.
שער הגלגולים, הקדמה י"א - נודע הוא כי ד' עולמות אבי"ע, וכל עולם מהם, יש בו חמשה פרצופים, א"א, ואו"א, וזו"ן. האמנם אין ענין כלם שוה, לפי ששלשה עולמות בי"ע, הם בערך פרטיות אימא וזו"ן דאצילות. אבל בדוגמת א"א ואבא דאצילות, לא יש שני עולמות דוגמתם למעלה מבי"ע. לפי שהם **בתכלית של ההעלם**.

שהם בחינת אורות העינים והקרקפתא, **אמנם תראה איך היותר עליון עתה מן המתפשטים, הוא סוד הבל אוזן** שהוא בחינת נשמה ותבונה, **כי הוא מתפשט למטה בסוד הנשמה** בחלוקת נרנח"י[20], **לכן אנו אומרים תמיד משל אוזן כדי לשכך** כלומר להרגיע[21] את **האוזן לבד** ולא לשכך את העין[22], **לפי שאין אנו מגיעים** בהשגה והבנה שלנו **אפילו דרך משל** ואין המשל דומה לנמשל[23] **רק עד האוזן לבד, ולא יותר למעלה**

גם נודע, כי מכל הבחינה שנכללו בד' עולמות אבי"ע, יוצא נשמות בני אדם, בסוד בנים אתם לה' אלהיכם. ואם כן נמצא, כי בחינת הנשמות יהיו ממש כדמיון העולמות עצמם, בכלל ופרט. כיצד, הנשמות שיש מעולם האצילות, יתחלקו לחמשה בחינות גם הם, כנגד ה' פרצופי האצילות, כי הנמשכות מן א"א, נקראות יחידה. ומן אבא, נקראות חיה. ומן אימא, נקראות נשמה. ומן ז"א, נקראות רוח. ומן נוקביה, נקראות נפש. וכלם הם חלקי האצילות. אח"כ יש יותר תחתונות, והם, כי הנמשכות מעולם הבריאה, כלם נקראים נשמה דבריאה. ומן היצירה, כלה נקראת רוח דיצירה. ומן העשיה, נקראת נפש דעשיה. והרי זה דרך כלל. ודרך פרט הוא זה, כי הנה הנשמות יוצאות מן אריך דאצילות, נחלקות לחמשה בחינות, כי מכתר דאריך, נקראת יחידה שביחידה. ומחכמה שבו, נקראת חיה דיחידה. ומבינה שבו נקראת נשמה דיחידה. וששש קצוותיו נקראת רוח דיחידה. וממלכות שבו, נקראת נפש דיחידה. וכל חמשה חלקים הנזכרים נקראים בכללותם יחידה. ועד"ז יתחלקו חמשה בחינות החיה, שמן אבא דאצילות, וכלם נקראים חיה. וכן חמשה חלקי הנשמה דמצד אימא, כלם נקראים נשמה. וכן חמשה חלקי רוח דמז"א, כלם נקראים רוח. וכן חמשה חלקי נפש דמנוקביה, כלם נקראים נפש דאצילות.

תרשים ב – ג.

20

הבל הפה הוא בחינת נפש, הבל החוטם הוא בחינת רוח, הבל האוזן הוא בחינת נשמה, הסתכלות העין הוא בחינת חיה, והקרקפתא הוא יחידה.

תרשים ב – ד.

21

אסתר ז' י' – ויתלו את המן על העץ אשר הכין למרדכי, וחמת המלך שככה.

מדרש תנחומא, יתרו י"ג – ויעל עשנו כעשן הכבשן. איזה כבשן. יכול ככבשן הזה. תלמוד לומר, וההר בוער באש. אם כן, מה תלמוד לומר כבשן. אלא **לשכך את האוזן מה שיכולה לשמוע**. כיוצא בו, אריה שאג מי לא יירא. וכי מי נתן כח וגבורה באריה, לא הוא. אלא הרי אנו מכנין אותו מבריותיו, כדי לשכך את האזן מה שיכולה לשמוע. כיוצא בו, והנה כבוד אלהי ישראל בא מדרך הקדים וקולו כקול מים רבים והארץ האירה מכבודו. וכי מי נתן כח וגבורה במים, לא הוא. אלא הרי אנו מכנין אותו מבריותיו לשכך את האזן. ויהי קול השופר הולך וחזק מאד. ההדיוט כל זמן שהוא הולך ותוקע, קולו עמה וכהה. וכאן, הולך וחזק. ולמה רך מתחלה. לשכך את האזן.

22

לשכך האוזן, מה שהיא יכולה לשמוע. הביטוי "לשכך את האוזן" מסביר כי רק בשל מגבלותיו של האדם היה נחוץ תיאור גשמי. האוזן האנושית אינה מסוגלת לעמוד בחוויית המפגש עם הרוחני, אלא בסיועו של אמצעי פיזי שיתרגם את הנעשה לאותות שביכולתה לקלוט.

23

כדי להמחיש כמה רחוקה ההבנה וההשגה של האדם החומרי בעינים רוחניים, משתמש הרב חיים ויטאל ז"ל במשלים, לעיתים קרובות גם חז"ל משתמשים במשלים, כאשר כל הסיפורים המובאים בגמרא ובמדרשים הם משלים לסודות נעלמים, וכל זה כדי להעלים ולהסתיר את סודות התורה הקדושה. והמשל הוא כדי **שהחכם יבין מדעתו** את חומר הלימוד. כל תורת הזהר הקדוש והקבלה היא חידות ומשלים, והמשל לא דומה לנמשל ורחוק ממנו. מעטים מעטים מבני העלייה שזכו להבין את הנמשל, עם כל זה צריך לדעת כי כאשר הלומדים את המשל, המשל פועל בעולמות העליונים בנמשל. חז"ל משתמשים גם בביטוי **משלו, משל, למה הדבר דומה**, כלומר יש שלוש מדרגות כדי אולי להבין את הנמשל, האחת **משלו**, השניה **משל**, והשלישית **למה**

באורות העין והקרקפתא, **ואפילו שם אינו רק לשכך האזן** ואי אפשר להסיג הסגה אמיתית,
לכן אין אנו אומרים לשכך את העין, וכיוצא בזה ר"ל לשכך את הקרקפתא.

ודע כי בזוינת אלו ג' הבלים של אח"פ **כולם**[24] **נמשכו עד כנגד הפה** והכוונה עד
שבולת הזקן, **ושם מתקבצים כולם** בשבולת הזקן, כאשר הבל האזן מגיע עד שבולת הזקן דא"ק, והבל
החוטם יורד ומגיע עד החזה דא"ק, והבל הפה יורד ומגיע עד הטבור דא"ק, אבל שלושת ההבלים נפגשים בשבולת
הזקן, **כי הבל היוצא מהאזן, הוא מתקבץ נגד הפה** שהוא בשבולת הזקן, **והוא
נמשך מלמעלה למטה** מהאוזן הימין ושמאל **כנגד הזקן** דא"ק,[25] וחופף על הזקן דא"ק, והבל זה
הוא לא הזקן דא"ק בעצמו, וחופף **מב' צדדיו**, ונמשך ומסתיים **עד כנגד הפה** שהוא שבולת הזקן.
**וכן הבל הזוטם, נמשך דרך אותו ארזא שי"ע על הפה נגד הזוטם,
שהוא תיקון ג' מי"ג תיקוני דיקנא**[26] הנקרא וחנון בתורה, ובספר מיכה נקרא ועובר על פשע, וכן

הדבר דומה. על שלמה המלך ע"ה שכתב את ספר משלי, קהלת ושיר השירים כתוב - וידבר שלשת אלפים
משל, כלומר לכל פסוק שכתב שלמה המלך יש שלוש אלף מדרגות של משל בתוך משל.
מלכים א ה' י"ב - וידבר שלשת אלפים משל ויהי שירו חמשה ואלף.
גמרא סוכה דכ"ח ע"ב - כל שבעת הימים אדם עושה סוכתו קבע וביתו עראי, ירדו גשמים מאימתי מותר
לפנות. משתסרח המקפה, **משלו משל למה הדבר דומה**, לעבד שבא למזוג כוס לרבו ושפך לו קיתון על פניו.
תנא דבי אליהו, פרק ב' – לכך נאמר והוא כחתן יוצא מחופתו. **משלו משל למה הדבר דומה**, למלך שעשה
סעודה לבנו.....
תנא דבי אליהו, סדר אליהו זוטא, פרק י"ט – כנגד מי אמר דוד מקרא זה, לא אמרו אלא כנגד הקדוש ברוך
הוא, שהוא עתיד לעשות נקמה בעמלק בעצמו שבא מאדום. **משלו משל למה הדבר דומה**, למלך שבנה
ארבעה פלטרין בארבע מדינות, נכנס.....
24

בית לחם יהודה ש"ד פ"ב – כולם נמשכו עד כנגד הפה. עד מקום שבולת הזקן, כמבואר בפרק א' דטנת"א.
25

גם לא"ק יש זקן בערך העולם שמעליו, כי א"ק נקרא ז"א בערך העליון ממנו.
ע"ח ש"ה פ"א ד"ד כ' ע"ג - ונאמר כי הנה דרך נקבי אזנים שבו, יוצא אור מפנימיות הא"ק הזה, ופשוט הוא
שבצאתו לחוץ מתעבה קצת, נמצא כי אור שנשאר בפנימיות א"ק גדול מזה האור היוצא לחוץ ממנו, אבל ודאי
שזה האור היוצא הוא יותר גדול מבחינת כלים והגוף של א"ק הזה, וזה פשוט. והנה כאשר יצא האור דרך
נקבי האזנים ימנית ושמאלית, נתפשטו האורות האלו מבחוץ, ממקום האזנים עד מקום שבולת הזקן, ונמשך
בהתפשטותו מנגד התפשטות **שער הזקן הצומח בלחיים בצדדי הפנים**, וכנגדו נתפשט ונמשך אור הזה עד
שמגיע למטה בשבולת הזקן, ושם מתחברים האורות היוצאים מב' נקבי האזנים, אמנם לא נתחברו בחבור
גמור, אבל נשאר ביניהם חלל מעט. ודע כי האור הזה אינו דבוק ונוגע בפנים עצמם, אבל חופף וסוכך עליהם,
ולא נתפשט האור הזה לא לאחורי הפנים, ולא בכל הפנים, רק בצדדי הפנים לבד כנ"ל.
26

יש י"ג תיקוני דיקנא הנזכרים בתורה, ויש עוד י"ג תיקוני דיקנא הנזכרים בספר מיכה. תיקוני דיקנא שבתורה
הם בחינת החיצוניות, והם בחינת הכלים, ובספר מיכה תיקוני דיקנא הם בחינת הפנימיות, והם בחינת האור
שבכלים. ידוע שהשערות הם צינורות חלולים, ובתוך הצינורות האלו עובר שמן, הנקרא מותרות המוח, כמו
שנראה בחוש באדם הגשמי, יוצא כי הי"ג תיקוני דמיכה הם יותר מעולים, מי"ג תיקוני דיקנא שבתורה,
מבחינת חביבים דברי סופרים מדברי תורה.
תרשים ב – ה.

19

שמות ל"ד ו', ז' - ויעבר הוי"ה על פניו ויקרא הוי"ה יהו"ה – **אל, רחום, וחנון, ארך אפים, ורב חסד, ואמת. נצר חסד, לאלפים, נשא עון, ופשע, וחטאה, ונקה,** לא ינקה פקד עון אבות על בנים על בני בנים על שלשים ועל רבעים.

מיכה ז' י"ח, י"ט, כ' - מי אל כמוך, נשא עון, ועבר על פשע, לשארית נחלתו, לא החזיק לעד אפו, כי חפץ חסד הוא, ישוב ירחמנו, יכבש עונתינו, ותשליך במצלות ים כל חטאותם, תתן אמת ליעקב, חסד לאברהם, אשר נשבעת לאבתינו, מימי קדם.

ע"ח שי"ג פ"ט דס"ו ע"א - אמנם פירוש י"ג מדות בסוד י"ג תיקוני דיקנא דא"א, נבאר מקום הי"ג תיקונים היכן הם בדיקנא, ואמנם נמנה תחלה התיבות איך הם י"ג, **א'** מי אל כמוך, **ב'** נושא עון, **ג'** ועובר על פשע, **ד'** לשארית נחלתו, **ה'** לא החזיק לעד אפו, **ו'** כי חפץ חסד הוא, **ז'** ישוב ירחמנו, **ח'** יכבוש עונותינו, **ט'** ותשליך במצולות ים כל חטאתם, **י'** תתן אמת ליעקב, **י"א** חסד לאברהם, **י"ב** אשר נשבעת לאבותינו, **י"ג** מימי קדם. ואמנם הי"ג מדות אלו דמיכה הם השפע הפנימיות הנמשכין ממחא סתימא בתוך שערות הזקן, והם הנקראים שבחא דעתיקא. אך שערות הזקן, עצמו שהם הצינורות וכלים ומעברים, שיריק המשחתא קדישא בהם, הם י"ג מדות שנזכרו בתורה בפרשה כי תשא, והם כמו]נ"א נמין[י"א דז"א, כי כבר ידעת שאין בז"א רק ט', והם של פרשת שלח לך, וכשמאירין בו י"ג אלו אז נקרא בשמם, והם על זה הסדר אל **א'**, רחום **ב'**, וחנון **ג'**, ארך **ד'**, אפים **ה'**, לפי שארך אפים מורה על ב' מדות יחד, ולזה לא אמר ארך אף, אלא אפים. ורב חסד **ו'**, ואמת **ז'**, נוצר חסד **ח'**, לאלפים **ט'**, נושא עון **י'**, ופשע **י"א**, וחטאה **י"ב**, ונקה **י"ג**. ועתה נבארם, בפנים האדם עצמו איך הם י"ג תיקונים, ואמנם תחת שני פאתי הראש הם מתחילין ב' רישין דדיקנא והם קצרים ולא רחבים, והם כנגד האזן וזהו תיקון א' נקרא אל, ואח"כ תיקון הב' והוא שורות השערות הגדלים בשפה עליונה על הפה לאורך וזהו רחום, ג' וחנון הוא אותו **ארחא שכנגד האמצעית החוטם,** ד' ארך הוא שורת שערות שתחת שפה התחתונה, ה' אפים הוא **ארחא תנינא** המפסיק באמצע הזקן, והוא מכוון נגד ארחא קדמאה שתחת החוטם, ו' ורב חסד הוא תחת תיקון קדמאה דא"ל, והוא סיום שיעור אותן השערות הקצרות של שער הזקן, והוא במקום שהתחיל להתרחב מעט שהוא מקום התחלת עצם הלחיים עצמו, שהוא יוצא כמין זוית תחת האזן, ומשם ולמטה הוא רחב יותר משל מעלה, וזהו נקרא ורב חסד, וזה נמשך עד המקום שכנגד הפה. ז' ואמת, הם ב' הפנים החלקים מן השער תפוחין קדישין. ח' נוצר חסד, והוא נקרא מזלא קדישא, והוא הזקן מכנגד הפה ולמטה, שהוא כללות הזקן בכללותן בחיבור א', כי מה שלמעלה מזה הוא נחלק לב', כי ב' תפוחין וחוטמא מפסיקין בנתים, ואמנם מכנגד הפה ולמטה הוא עובי הזקן והתחברותן יחד, ואמנם הוא מאד עבה והם שערות על גבי שערות ואלו, נחלקין לב' כיצד צד הזקן מכנגד מעלה שהוא מקום הזקן המגולה הוא תיקון א', וצד הזקן המכוסה שהוא כנגד הגרון הוא תיקון ב', נמצא כי אנו מחלקין עביות הזקן כי צד העליון הנגלה לעינים תיקון א', ומה שהוא כנגד הגרון הם השערות שתחת אלו הראשונים והם מתכסים באלו הם תיקון ב', והנה אלו ב' תיקונים נקרא מזלא, והם ב' מזלות, ופירוש מזלא מלשון תזל כטל אמרתי, שהוא משך השערות באורך מלמעלה למטה, ואין בכל הי"ג תיקונים האלו שיהיה נקרא כך, אלא אלו השנים, העליון נקרא נוצר חסד תיקון הח', והתחתון נקרא ונקה תיקון י"ג, ושניהן כל אחד נקרא מזלא, ואמנם אלו השערות הם ארוכות עד הטבור שלו. ט' לאלפים, כי בין אלו השערות הארוכות מובלעים קצת קטנים וזהו לאלפים, י' נושא עון אחר כל ב' מזלות אלו יש שערות קטנים סמוכות לגרון, והם למעלה ממנו מעט, ואינן מובלעים במזלא הנ"ל, רק ניכרין לבדם וחפיין אגרונא. י"א ופשע הוא היות אלו השערות קטנות שוין בארכם ולא נפקי דא מן דא, י"ב וחטאה, הוא הפה עצמו, להיות פנוי משערות. י"ג ונקה הוא המזל הב' ונקרא תיקון י"ג. ואמנם ב' מזלות האלו שוכבים זה על זה והם דכורא ונוקבא, ואבא יונק מן הח', ואמא יונקת מן הי"ג, הרי ביארנו י"ג תיקוני דיקנא.

תרשים ב – ו.

מדרש רבה, שיר השירים - שמעון בר אבא בשם רבי יוחנן חביבין דברי סופרים כדברי תורה. מה טעם, וחכך כיין הטוב חברייא. בשם רבי יוחנן חביבין דברי סופרים מדברי תורה. שנאמר - כי טובים דודיך מיין. האומר - אין תפילין לעבור על דברי תורה, פטור. ה' טוטפות להוסיף על דברי סופרים, חייב.

הַבֵּל הַפֶּה נִמְשָׁךְ דֶּרֶךְ[27] אוֹתוֹ אַרְזָא ב' צ"ל תניינא, שהוא התיקון החמישי, הַנִּקְרָא יש
כאן טעות סופר עוֹבֵר עַל פֶּשַׁע[28] צ"ל לא החזיק לעד אפו, הנזכר באדרא רבא[29], וְג' הַבְּלִים אֵלּוּ

27

בית לחם יהודה ש"ד פ"ב – דרך ההוא אורחא תניינא הנקרא ועובר על פשע. טעות סופר נפל, ובע"ח כתב יד הגירסא היא דרך אותו אורחא הב' שהוא תיקון חמישי מן י"ג ת"ד שהוא נקרא לא החזיק לעד אפו וכו', וכן הגירסא בשער הקדמות דל"א סוף ע"א, וכן כתב בשמן ששון אות ג'.

28

הגהות ובאורים)ב(– א"ה ראיתי בכתבי מהרי"א נר"ו דכתר דכך צריך לגרוס הנקרא לא החזיק לעד אפו, שזה הוא תיקון הה' מי"ג ת"ד, המכוון נגד ארח הא' הנקרא ועובר על פשע.

29

זהר נשא, אדרא רבא דק"ל ע"ב - פתח ר"ש ואמר ווי מאן דאושיט ידוי בדיקנא יקירא עלאה דסבא קדישא טמירא סתימא דכלא)נ"א טמיר וסתים מכלא(דיקנא דההיא תושבחתא. דיקנא דסתים ויקיר מכל תקונוי. דיקנא דלא ידעין עלאין ותתאין. דיקנא דהיא תושבחתא דכל תושבחין. דיקנא דלא הוי בר נש נביאה וקדישא דיקרב למחמי ליה. דיקנא דהיא תליא בשערוי עד טבורא דלבא. חוורא כתלגא יקירא דיקירין. טמירא דטמירין. מהימנותא דמהימנותא דכלא. תאנא בצניעותא דספרא דהאי דיקנא מהימנותא דכלא נפיק מאודנוי ונחית סוחרניה דפומא קדישא ונחי וסליק וחפי בתקרובתא)סגי(דבוסמא טבא. חוורא דיקירא)ס"א דבדיקני'(. ונחית)ס"א חוורא יקירא דדיקניה נחית(בשקולא וחפי עד טבורא. הוא דיקנא יקירא מהימנא שלימא דנגדין ביה י"ג נביעין מבועין דמשח טבא בתלת עשר תקונין מתתקנא. תקונא קדמאה. מתתקן שערא מלעילא ושארי מההוא תקונא דשער רישיה דסליק בתקונוי לעילא מאודנוי ונחית מקמי פתחא דאודנין בחד חוטא בשקולא טבא עד רישא דפומא:

תקונא תנגינא מתתקן שערא מרישא דפומא)וסליק(עד רישא אחרא דפומא בתקונא שקיל. תקונא תליתאה מאמצעיתא דתחות)ס"א דהאי(חוטמא מתחות תרין נוקבין. נפיק חד אורחא ושערא אתפסק בההוא ארחא ומליא מהאי גיסא ומהאי גיסא שערא מתקונא שלים סוחרניה דההוא אורחא. קונא רביעאה מתתקן שערה)ונחית(תחות פומא מרישא חדא לרישא חדא בתקונא שלים. תקונא חמישאה תחות פומא נפיק ארחא אחרא בשקולא דארחא דלעילא ואלין תרין ארחין רשימין על פומא. מכאן ומכאן. תקונא שתיתאה מתתקן שערא וסליק ונפיק מלרע לעיל לרישא דפומא והפי תקרובתא דבוסמא טבא עד רישא דפומא דלעילא. ונחית שערא לרישא דפתחא דאורחא תתאה דפומא. תקונא שביעאה פסיק שערא ואתחזן תרין תפוחין בתקרובתא דבוסמא טבא שפירן ויאן למחזי. בגיניהון אתקיים עלמא הה"ד באור פני מלך חיים. תקונא תמינאה נפיק חד חוטא דשערי סוחרני דדיקנא ותליין בשקולא עד טבורא. תקונא תשיעאה מתערי ומתערבין שערי דיקנא עם אינון שערי דתליין בשקולא)דתליין(ולא נפקי דא מן דא. תקונא עשיראה)מתערבין(נחתין שערי תחות דיקנא וחפיין בגרונא תחות דיקנא. תקונא חד סר דלא נפקין נימא מן נימא ומתשערן בשיעורא שלים. תקונא תריסר דלא תליין שערי על פומא ופומא אתפני מכל סטרוי. ויאן שערי סחור סחור ליה. תקונא תליסר דתליין שערן בתחות דיקנא מכאן ומכאן ביקרא יאה ביקרא שפירא. מחפיין עד טבורא. לא ארחא)ס"א לאתחזאה(מכל אנפי תקרובא דבוסמא בר אינון תפוחין שפירין חוורין דמפקין חיין לעלמא ומחזיין חדו לזעיר אפין. בתליסר תקונין אלין נגדין ונפקין תליסר מבועין דמשח רבות ונגדין לכל אינון דלתתא. ונהרין בהההוא משחא. ומשיחין מהההוא משחא דבתליסר תקונין אלין. בתליסר תקונין אלין אתרשים דיקנא יקירא סתימאה דכלא דעתיק דעתיקין. מתרי תפוחין שפירן דאנפוי נהירין דזעיר אנפין וכל חוזר)ס"א חיזור(ושושן דאשתכחן לתתא נהירין ומתלהטין מהההוא נהורא דלעילא. דכל דחמי דיקניה תלי ביה מהימנותא. תאנא בצניעותא דספרא תליסר תקונין אלין דתליין בדיקנא יקירא בשביעאה)מנהון(משתכחי בעלמא ומתפחתי בתליסר תדעי דרחמי. ומאן דאושיט ידיה לאומאה כמאן דאומי בתליסר תקוני דיקנא. האי באריך אפין. בזעיר אפין בכמה. אמר לרבי יצחק קום בקיומך וסלסל בסלסלא דתקונא דמלכא)ס"א בדיקנא(קדישא היאך יתתקנון. קם רבי יצחק פתח ואמר מי אל כמוך נושא עון וגו'. ישוב ירחמנו וגו' תתן אמת ליעקב וגו'. תאנא תליסר מכילין אתחזון הכא וכלהו נפקין מתליסר מבועין דמשח רבות דתיקנוי דיקנא קדישא עתיקא דעתיקין. טמירא דטמירין.

מִתְחַבְּרִים לְמַטָּה נֶגֶד הַפֶּה[30] הכוונה בשבולת הזקן, וְהֵם מִתְחַבְּרִים בְּסוֹד נֶ"רָן. אָמְנָם דַּע כִּי טֶבַע שֶׁל הַהֶבֶל הַיּוֹצֵא מִפֶּה, וְזוּטָם, וְכַיּוֹצֵא שהוא להבל האוזן, והרב ז"ל לא מזכיר את האוזן אלא ברמז, כי הבל האוזן לא מורגש כמו הבל החוטם ופה, דַּרְכּוֹ לְהַמְשִׁיךְ בְּאֹרֶךְ לְזֹוּיֹת בְּכֹזֹ בקילוח, וְאֵזֹר שֶׁהוּא יוֹצֵא בְּקִילוּז, אֵזֹר[31] כָּךְ הוא נחלש, והוא מִתְפָּרֵשׁ לְצְדָדִין כמו העשן היוצא ממקורו בחוזק, ואחר כך מתמוגג ומתפשט לכל עבר, כַּנּוֹדָע בְּזֹוּוֹשׁ הֹרְאוֹת, וּבְוַדַּאי (צ"ל כִּי) אַף עַל פִּי שֶׁהַכֹּל הוּא הַהֶבֶל אֵזֹר, עִם כָּל זֶה יֵשׁ (קְצָת ל"ג) זֹוִילוּק בֵּין קְצָת הַהֶבֶל אֲשֶׁר הוּא נֶגֶד הַפֶּה עַצְמוֹ, אוֹ הַזֹוּטָם, אוֹ,

---

תנא תקונא דדיקנא טמיר וסתים טמיר ולא טמיר. סתים ולא סתים. בתקונוי ידיע ולא ידיע. תקונא קדמאה. הא תנינן דכל שערא ושערא וכל נימא ונימא לא מתדבקא לחברתה ושארו נימין דדיקנא לאתקנא. מתקונא דשער רישא. הכא אית לאסתכלא אי כל נימין דשער רישא ונימין דדיקנא יקירא עלאה בחד נימא אתכללו.)ס"א בחד מתקלא אתקלו(אמאי אלין אריכין ואלין לא אריכין. אמאי נימין דדיקנא לא אריכין כולי האי וקשיין. ואלין דרישא לא קשיין אלא שעיען. אלא כל נימין שקילין דרישא ודיקנא. דרישא אריכין על כתפין למיגד לרישא)ד"א מרישא(דזעיר אפין מההוא משיכא דמוחא דיליה ובגיני כך לא הוו קשיין. וע"ד אתחזן למהוי רכיכי. תאנא מאי דכתיב חכמות בחוץ תרנה. ולבסוף כתיב ברחובות תתן קולה. האי קרא לאו רישיה סיפיה ולאו סיפיה רישיה. אלא חכמות בחוץ תרנה כד נגיד ממוחא סתימאה דאריך למוחא דזעיר אפין באינון נימין. כאלו מתחבראן לבר תרין מוחין ואתעביד חד מוחא בגין דלית קיומא למוחא תתאה אלא בקיומא דמוחא עלאה. וכד נגיד מהאי להאי דנגיד ממוחא למוחא באינון נימין)כאלו מתחבראן לבר תרין מוחין ואתעביד חד מוחא באינון נימין(אינון לא אשתכחו קשישין. מ"ט משום דאי אשתכחו קשישין לא נגיד חכמתא למוחא בהון. בגיני כך לית חכמתא נפקא מבר נש דאיהו קשישא)ס"א קשיא(ומארי דרוגזא דכתיב דברי חכמים בנחת נשמעים. ומהכא אוליפנא מאן דשערוי דרישיה קשישין לאו חכמתא מתישבא עמיה וע"ד אינון אריכי למיתי תועלתא לכלא. מאי לכלא. למיעל על חוטא דשדרה דמתשקיין מן מוחא. ובג"ד לא תלי שערא דרישא על שערא דדיקנא. דשערא דרישא תלי וסליק על אודנין לאחורוי ולא תלי על דיקנא משום דלא אצטריך לאתערבא אלין באלין. דכלהו מתפרשן בארחייהו. תאנא כלהו שערי בין דרישא בין דדיקנא כלהו חוורי כתלגא. ותאנא אינהו דדיקנא קשישאי כלהו. מ"ט. משום דאינון תקיפא דתקיפין לאחסין)ב"א לאחתא(אינון י"ג מכילן מעתיק דעתיקין. דלא יתערבון באחרנין.)ס"א דאתחסינו לתתא והכי תנינא מקמי אודנוי שריין והני מכילן סתימן אינון ולא אתערבו באחרנין(ואי תימא דלית אחרנין כוותייהו. לא. דתניא תליסר מכילן דרחמי מעתיקא קדישא מי אל כמוך חד. נושא עון תרי. ועובר על פשע תלת. לשארית נחלתו ארבע. לא החזיק לעד אפו חמש. כי חפץ חסד הוא שית. ישוב ירחמנו שבעה. יכבוש עונותינו תמניא. ותשליך במצולות ים כל חטאתם תשעה. תתן אמת ליעקב עשרה. חסד לאברהם חד סר. אשר נשבעת לאבותינו תריסר. מימי קדם תליסר. לקביל דא אל רחום וחנון וגו' ואינון לתתא. ואי תימא משה איך לא אמר אלין עלאין. אלא משה לא אצטריך אלא לאתר דדינא אשתכח ובאתר דדינא אשתכח לא בעי הכי למימר. ומשה לא אמר אלא בעידנא דישראל חאבו ודינא הוה תלייא ובגיני כך לא אמר משה אלא באתר דדינא אשתכח. אבל בהאי אתר סדורא דשבחא דעתיק יומין מסדר נביאה. ואינון תליסר תקונין דדיקנא עלאה קדישא טמירא דטמירין תקיפין. לתברא ולאכפייא כל גזרי דינין. מאן חמי דיקנא עלאה קדישא טמירא דטמירין דלא אכסיף)ס"א אתכסי(מניה ובג"כ כל שערוי קשישין ותקיפין בתקונוי.

[30]

++פה – נפש, חוטם – רוח, אוזן – נשמה.

[31]

בית לחם יהודה ש"ד פ"ב - אחר כך מתפרש לצדדים. פרוש בסוף הקילוח הוא נחלש כחו, ומתרחב הקילוח ומתפשט גם לצדדים.

האוזן, שהם ההבלים הקרובים למקורם, **אל שׁאר ההבלים המתפשׁטים לצדדין** והם רחוקים מהמקור שלהם. **והטעם שׁההבל שׁהיה נגד הפה ממשׁ, הנה הוא דבק במקורו קשׁר אמיץ,** (דבוק קשׁור ואמיץ ל"ג) **ותמיד מגיע השׁפע אליו** כי הוא קרוב לשורש, **וזהו**[32] **הנזכר בספר הזהר**[33] **דא"ס** ולאו דוקא הא"ס, אלא גם א"ק הנקרא א"ס, וכל שעור קומה עליון ביחס לתחתון, הוא]די"ח ע"ד 36[**מטי** מגיע, כלומר שפע האור נמשך בחוזקה, מה שהרב ז"ל קורא לזה "קילוח" **ולא מטי** ולא מגיע, כלומר מפסיק השפע, ונחלש[34] והתהליך חוזר על עצמו, **כי הוא תמיד נדבק בא"ס,** ע"י אותו קילוח ההבל היוצא מפה בחוזק, ומכה תמיד, וזה קצת ההבל נקרא פנימי כי הוא קרוב למקור הקילוח, ונקרא כח"ב, **ושׁאר ההבל המתפשׁט** למטה, ורחוק מהמקור **נקרא זיצון** ונקרא חג"ת נה"י[35]. **נמצא כי ההבל** [36](זה ההבל) **היותר קרוב למוצא הפה,** וזוטם, **נקרא פנימי** ונקרא ג"ר דפה, וג"ר דחוטם, וג"ר דאוזן, **והיותר רזווק נקרא זיצון** ונקרא ו"ק דפה, ו"ק דחוטם, ו"ק דאוזן[37], **נמצא כי ההבל זה הראשׁון** שהוא קרוב למקורו, הנקרא ג"ר, **הוא עצׁמות האור הא"ס ממשׁ, המתפשׁט לזווק, ואפילו הבל המתפשׁט לצדדין** ונחלש **אשר נקרא זיצון** והוא רחוק ממקורו, ונקרא ו"ק, **גם הוא מהההתפשׁטות עצׁמו** של הא"ס, רק שׁאינו דומה

32

בית לחם יהודה שׁ"ד פ"ב - וזהו הנזכר בספר הזהר דא"ס מטי ולא מטי. הוא בזהר בראשית דט"ז ע"ב, ודס"ה ע"א, ובזהר פקודי דרס"ח סוף ע"ב.

33

זהר בראשית דט"ז ע"ב תרגום והסבר- **כד אשתכח מניה נקודה קדמאה י'** כשיצאה ממנו הנקודה הראשונה, שהיא האות י', **אתגלי לבתר עליה** נתגלה והאיר עליו, **מטי ולא מטי** פעם מגיע האור, ופעם לא מגיע, כמו דפיקות הלב. **כיון דאתפשׁט** כיון שהתפשט האור, **נפק ואיהו הוא אור דאשתאר מאייר** יצא האור שנשאר מאייר, כי או"י הם אותיות או"ר ובתוכו האות י'. **והינו** וזה שאמרנו **אור דכבר הוה** האור כבר היה, **והא קיימא** והוא קיים. **נפק ואסתלק ואתגניז ואשתאר חד נקודה מניה** נקודה נשארה אחת ממנו שהוא אור מועט, **למהוי מטי תדיר באורח גניזו בההיא נקודה** כדי שיגיע ויאיר באותה נקודה, אבל נחשב שלא הגיע, כי אור זה בהעלם גדול, **מטי ולא מטי** מגיע ולא מגיע.

34

התהליך חוזר על עצמו, מטי ולא מטי, מבשרי אחזה אלו"ה - דוגמה לזה בדפיקות הלב של האדם הגשמי, כאשר הלב דופק, זרם הדם עובר בחוזקה העורקים, ואברי הגוף מקבלים שפע וחיות, ואז הלב מרפה, וזרם הדם נחלש, תהליך זה נמשך בלי הפסק, וכמו שבגוף האדם הלב מעביר שפע וחיות בדרך זאת לאברי הגוף, כך גם העולמות הרוחניים מקבלים שפע האור והחיות בדרך זאת.

35

הג"ר נקראים פנימי, ביחס לו"ק הנקראים חיצון

תרשים א – ז.

36

הגהות ובאורים)ג(– ליתא בכתב יד.

37

כלל – כאשר הרב ז"ל אומר ו"ק, שהם חג"ת נה"י, הוא גם כולל את המלכות שעומדת מאחורי חג"ת נה"י.

תרשים ב – ח.

לראשון שהוא קרוב למקור, **שהוא יותר פנימי, עם שהכל הוא הבל אזזד** אשר יוצא מאותו מקור, גם הג"ר וגם הו"ק הם אותו אור שיצא מאותו מקור, וההבדל הוא באיכות וזכות האור, ככל שההבל קרוב למקורו הוא יותר זך ואיכותי, וככל שההבל רחוק ממקורו, או פחות זך, ופחות איכותי, **וענין זה הוא בג' הבלים הנ"ל** שהם אח"פ. ודע כי מהבל **פנימי של האזן** שהוא ההבל הקרוב לאוזן, **נעשה ממנו בבזינת ראש לנשמה** שהם ג"ר[38], **להיותו עליון קרוב יותר אל מוצא מקור ההבל** וכן בהבל החוטם הנקרא רוח, והבל הפה הנקרא נפש, ההבל הפנימי עשה את הג"ר הפרטים שלהם. **והבל החיצון** שהוא ביחס להבל הפנימי נקראים ו"ק **המתפשט, הוא בזינת הגוף לנשמה** שהיא הבל האוזן, וכן להבל החוטם הנקרא רוח, וכן להבל הפה הנקרא נפש[39], **כי כמו שיש בגוף עצמו הזוומרי** של האדם התחתון ו"ק **בבזינת גוף** שהם ו"ק **וראש** שהם ג"ר, **גם בנשמה עצמה יש לה בזינת ראש** שהם ג"ר דנשמה, שהוא ההבל המתפשט מהאוזן עד החוטם, **וגוף** שהם ו"ק דנשמה, שהוא ההבל המתפשט מהחוטם עד שיבולת הזקן, **כי קצת מהנשמה מתפשט בראש אדם** שהם השורשים של החב"ד הנמצאים, והם שולחים את הפארות שלהם, שהם הענפים שלהם לגוף, **וקצת אזזרון היותר עב מתפשט בגוף אדם** שהם הענפים המתפשטים בגוף,[40] ומהתפשטות זאת הגוף מתפקד. **גם מהבל הזזוטם** שהוא בחינת הרוח **נעשה ב' בזזינות אלו, ראש** שהם ג"ר **אל הרווז, וגוף** שהם ו"ק **אל הרווז, מפנ'ימית וזזיצונית.** היותר קרוב אל הזזוטם הנקרא פנימי, **ונעשה ראש** שהם ג"ר דרוח, שיוצא מהחוטם

38

ע"ח ש"ד פ"ג די"ט ע"א - ואמנם זה האור הישר היה בו כח לעשות כלים בסוד הראש שהם ג"ר.

39

תרשים ב – ט.

40

שורש הנשמה נמצא במוח האדם, ומשם היא מאירה לגוף, כאשר מוח החכמה מאיר בחסד ונצח, וקו זה נקרא קו החסד, חח"ן. מוח הבינה מאיר בגבורה והוד, ונקרא קו הגבורה, בג"ה. מוח הדעת מאיר בתפארת ויסוד, וקו זה נקרא קו הרחמים, דת"י.

תרשים ב – י.

יש חלוקה יותר פרטית של כל פרק בכל קו.

באתי לגני, חלק ג' ד"ה סימן א' – פרק ראשון של כל ספירה נקרא חב"ד, פרק שני נקרא חג"ת, פרק שלישי נקרא נהי"ם.

קו ימין דפרק א', נקרא חכמה, ונקרא חח"ן דחב"ד.

קו ימין דפרק ב', נקרא חסד, ונקרא חח"ן דחג"ת.

קו ימין דפרק ג', נקרא נצח, ונקרא חח"ן דנה"י.

קו שמאל דפרק א', נקרא בינה, ונקרא בג"ה דחב"ד.

קו שמאל דפרק ב', נקרא גבורה, ונקרא בג"ה דחג"ת.

קו שמאל דפרק ג', נקרא הוד, ונקרא בג"ה דנה"י.

קו אמצעי דפרק א', נקרא דעת, ונקרא דת"י דחב"ד.

קו אמצעי דפרק ב', נקרא תפארת, ונקרא דת"י דחג"ת.

קו אמצעי דפרק ג', נקרא יסוד, ונקרא דת"י דנה"י.

תרשים ב – י"א.

ומגיע עד הפה. **וזיצוֹנִית** שהם ו"ק דרוח, מהפה עד החזה **נַעֲשֶׂה גּוּף** שהם ו"ק דרוח. **גַּם מֵהֶבֵל פֶה נַעֲשָׂה עַל דֶּרֶךְ זֶה** בבזינת **נֶפֶשׁ שֶׁל רֹאשׁ** צ"ל **רֹאשׁ שֶׁל הַנֶּפֶשׁ**, שהם ג"ר דנפש, והוא ההבל היוצא מהפה ומגיע עד שבולת בזקן, **וּבְבְזִינַת נֶפֶשׁ שֶׁל גּוּף** צ"ל **גּוּף שֶׁל הַנֶּפֶשׁ**, שהם ו"ק דנפש, משבולת הזקן עד הטבור, **הֲרֵי בֵּיאַרְנוּ עַנְיַן נֵר"ן.**[41]

הגהות ובאורים)ד(— והמבין ומשכיל יבין דבר מתוך דבר.

עֵץ חַיִּים

לְרַבֵּינוּ חַיִּים וִיטַאל

שֶׁקִּיבֵּל מִמָּרָן הָאֲרִ"י זלֹה"ה

שַׁעַר ד'

שַׁעַר אוז"פ

פֶּרֶק ב'

חֵלֶק הַתַּרְשִׁימִים טַבְלָאוֹת וְצִיּוּרִים

שִׁמְזַת חַיִּים

הקדמה קצרה

דע כי כל התרשימים הציורים והטבלאות, הם אך ורק לשכך את האוזן, ולשבר את העין. וכל הציורים הם לא שלמים.

כתב הרי"ח הטוב ברב פעלים ח"ב בסוד ישרים ה' - אך דע לך כי סדר התלבשות המחצבים שכתב מהרח"ו בשערי קדושה עד עולם הזה שאנחנו עומדים בו. וכן סדר התלבשות הפרצופים אשר בכל מחצב ומחצב, וסדר התלבשות העולמות זה בזה, והיושר והעיגולים, לא אית אינש דכיל למנלע רזא דנא, איך היא עשוי, איך הוא עומד, ולא אפשר לשכל אנושי לצייר כל הנזכר על אמתיתם, ועל בורייו מפני כי שכל האנושי בהיותו עצור ומונח בגוף גשמיי, אי אפשר לי להשיג דבר רוחני, והוא זה דומה לאדם סומא מן הבטן שלא ראה מאורות מימיו, דודאי אי אפשר לו לצייר מראות השמש והירח הנראין לעיני הבריות, וכל שכן מה שיש למעלה למעלה.

וכן כתב ברב פעלים ח"א בסוד ישרים א' - סוף דבר הכל נשמע, ה' אחד ושמו אחד, ואין לו גוף ולא דמות הגוף, ואין לו שום ציור, ותמונה ודמיון כלל ועיקר, וגם כל העולמות וספירות הקדושים למעלה אין להם ציור ודמיון של גופים האלה כלל, ואין מי שיוכל לידע איך הוא עמידתם וסדרם, ואיך עומדים עולמות היושר ועולמות העיגולים, ואיך מתחברים זה עם זה, ואיך נמשך השפע מזה לזה, ואיך הוא תוארם ומראיהם, ואיך הוא מהות השפע המחיה אותם, ומקיים אותם, וכמה הוא שיעור אורכם וגובהן ורחבם, ואיך הם נכללים זה בזה, ומלבישים זה לזה, כי בכל זאת אין שום שכל אנושי יוכל לדעת, ולהבין, ולהשיג, כלל ועיקר.

הרב ז"ל כתב בשער אח"פ תחילת פ"א וז"ל - כבר ידעת כי אין בנו כח לעסוק קודם אצילות עשר ספירות, ולא לדמות שום דמיון וצורה כלל ח"ו, אך לשכך האזן, אנו צריכים לדבר דרך משל ודמיון, לכן אף אם נדבר במציאות ציור שם למעלה, אין הדבר רק לשכך האזן. אמנם דע כי עשר ספירות דאצילות הם שתי ענינים. האחד הוא התפשטות הרוחניות, והשני הוא כלים ואברים אשר העצמות מתפשט בהם. והנה צריך שיהיה לכל זה שורש למעלה לשתי בחינות אלו, ולכן צריכין אנו לדבר בסדר המדרגות מראש עד סוף, והנה נתחיל ונאמר כי הלא הא"ס ב"ה אין בו שום ציור כלל ח"ו כמבואר.

הרב ז"ל כתב בשער טנת"א פ"א - והנה אף על פי שאנו מכנים וקוראים כאן כנויים אלו כגון אדם ראש אזנים וכיוצא אינו רק לשכך האזן לשיובנו הדברים לכן אנו מכנים כנויים אלו במקום גבוה, עד כאן לשונו.

וכן הרמ"ק בפרדס רימונים ש"ו פ"א - וציירו להם המקובלים צורות ביריעות גדולות וקראום אילן. הרב ז"ל כתב בסוף ש"ה פ"ד וז"ל - ואמנם דבר גלוי הוא כי אין למעלה גוף ולא כח גוף חלילה. וכל הדמיונות והציורים אלו לא מפני שהם כך חס ושלום. אמנם לשכך את האוזן לכשיוכל האדם להבין הדברים העליונים הרוחניים בלתי נתפסים ונרשמים בשכל האנושי, לכן ניתן רשות לדבר בבחינת ציורים ודמיונים, כאשר הוא פשוט בכל ספרי הזוהר. וגם בפסוקי התורה עצמה כולם כאחד עונים ואומרים בדבר הזה כמו שאמר הכתוב עיני ה' המה משוטטים בכל הארץ. עיני ה' אל צדיקים. וישמע ה'. וירח ה'. וידבר ה'. וכאלה רבות וגדולה מכולם מה שאמר הכתוב ויברא אלהים את האדם בצלמו בצלם אלהים ברא אותו זכר ונקבה וגו'. ואם התורה עצמה דברה כך גם אנחנו נוכל לדבר כלשון הזה, עם היות שפשוטו הוא שאין שם למעלה אלא אורות דקים, בתכלית הרוחניות, בלתי נתפשים שם כלל, וכמו שאמר הכתוב כי לא ראיתם כל תמונה, וכאלה רבות.

ואמנם יש עוד דרך אחרת כדי להמשיך ולצייר בה הדברים העליונים, והם בחינת כתיבת צורת אותיות, כי כל אות ואות מורה על אור פרטי עליון, וגם תמונת זו דבר פשוט הוא כי אין למעלה לא אות, ולא נקודה, וגם זה דרך משל וציור לשכך את האוזן כנזכר. ולכן נבאר עתה הקדמה הנזכר על דרך ציור האותיות גם כן ובבחינת ציורים אלו, הן ציור האדם, והן ציור אותיות, שתיהן מוכרחים להבין ענין האורות העליונים, כאשר תראה ספרי הזוהר בנויים על שתי בחינות הציורים האלה, עד כאן לא.

ולכן גם אנחנו הרשינו לעצמינו לצייר ציורים, תרשימים וטבלאות, אך ורק כדי לשכך את האוזן, ולשבר את העין, כדי להבין את הסוגייה.

אח"י

סדר שמות שמות ההיכלות והשערים בעץ חיים

שם היכל	שער	שם השער	א	ב	ג	ד	ה	ו	ז	ח	ט	י	יא	יב	יג	יד	טו
אדם קדמון	א	עיגולים ויושר	א	ב	ג	ד	ה										
	ב	השתלשלות י"ס דרך עגו'	א	ב	ג												
	ג	סדר אצילות למהרח"ו	א	ב	ג												
	ד	אח"פ	א	ב	ג	ד	ה										
	ה	טנת"א	א	ב	ג	ד	ה	ו	ז								
	ו	עקודים	א	ב	ג	ד	ה	ו	ז	ח							
	ז	מטי ולא מטי	א	ב	ג	ד	ה										
נקודים	ח	דרושי נקודות	א	ב	ג	ד	ה	ו									
	ט	שבירת הכלים	א	ב	ג	ד	ה	ו	ז	ח							
	י	תיקון	א	ב	ג	ד	ה										
	יא	מלכים	א	ב	ג	ד	ה	ו	ז	ח	ט	י					
הכתרים	יב	עתיק	א	ב	ג	ד	ה										
	יג	א"א	א	ב	ג	ד	ה	ו	ז	ח	ט	י	יא	יב	יג	יד	
או"א	יד	או"א	א	ב	ג	ד	ה	ו	ז	ח	ט	י					
	טו	זווגים	א	ב	ג	ד	ה	ו									
	טז	הולדת או"א וזו"ן	א	ב	ג	ד	ה	ו	ז								
ז"א	יז	ז"א	א	ב	ג	ד											
	יח	רפ"ח נצוצין	א	ב	ג	ד	ה	ו									
	יט	אנ"ך	א	ב	ג	ד	ה	ו	ז	ח	ט	י					
	כ	המוחין	א	ב	ג	ד	ה	ו	ז	ח	ט	י	יא	יב			
	כא	לידת המוחין	א	ב	ג												
	כב	מוחין דקטנות	א	ב	ג												
	כג	מוחין דצלם	א	ב	ג	ד	ה	ו	ז	ח							
	כד	פרקי הצלם	א	ב	ג	ד	ה	ו	ז								
	כה	דרושי הצלם	א	ב	ג	ד	ה	ו	ז	ח							
	כו	צלם	א	ב	ג	ד											
	כז	פרטי עי"מ	א	ב	ג	ד											
	כח	עיבורים	א	ב	ג	ד	ה										
	כט	נסירה	א	ב	ג	ד	ה	ו	ז	ח	ט						
	ל	פרצופים	א	ב	ג	ד	ה	ו	ז								
	לא	פרצופי זו"ן	א	ב	ג	ד	ה										
	לב	הארת המוחין	א	ב	ג	ד	ה	ו	ז	ח	ט						
	לג	אונאה	א	ב	ג	ד	ה										
נוק' דז"א	לד	תיקון הנוקבא	א	ב	ג	ד	ה	ו	ז								
	לה	הירח	א	ב	ג	ד	ה										
	לו	מעוט הירח	א	ב	ג	ד											
	לז	יעקב ולאה	א	ב	ג	ד	ה										
	לה	לאה ורחל	א	ב	ג	ד	ה	ו	ז	ח	ט						
	לט	מ"ן ומ"ד	א	ב	ג	ד	ה	ו	ז	ח	ט	י	יא	יב	יג	יד	טו
	מ	פנימיות וחצוניות	א	ב	ג	ד	ה	ו	ז	ח	ט	י	יא	יב	יג	יד	טו
	מא	חשמל	א	ב	ג												
אבי"ע	מב-א	דרושי אבי"ע	א	ב	ג	ד	ה	ו	ז	ח	ט	י	יא	יב			
	מב-ב	כללות אבי"ע	א	ב	ג	ד											
	מג	ציור עולמות אבי"ע	א	ב	ג	ד											
	מד	שמות	א	ב	ג	ד	ה	ו	ז								
	מה	מקיפין	א	ב	ג	ד											
	מו	כסא הכבוד	א	ב	ג	ד	ה	ו									
	מז	סדר אבי"ע	א	ב	ג	ד	ה	ו									
	מח	קליפות	א	ב	ג	ד											
	מט	קליפת נוגה	א	ב	ג	ד	ה	ו	ז	ח	ט						
	נ	קיצור אבי"ע	א	ב	ג	ד	ה	ו	ז	ח	ט	י					

טבלת ערכים

עולמות	אדם קדמון	אצילות	בריאה	יצירה	עשיה
פרצופים	ע"י וא"א	אבא	אמא	ז"א	נוקבא
ספירות	כתר	חכמה	בינה	חג"ת נה"י	מלכות
הוי"ה	קוץ של י'	י	ה	ו	ה
אורות	יחידה	חיה	נשמה	רוח	נפש
מלוי	שורש הוי"ה	ע"ב - יוד הי ויו הי	ס"ג - יוד הי ואו הי	מ"ה - יוד הא ואו הא	ב"ן - יוד הה וו הה
טנת"א	שורשים	טעמים	נקודות	תגין	אותיות
נקודות	קמ"ץ	פתח	צרי	סגול, שוה, חולם חיריק, קבוץ, שורוק	אין ניקוד
אדם	גולגולתא	מוח ימין	מוח שמאל	גוף וברית	עטרת היסוד
מל"ץ	מ - מקיף, יחידה	ל - מקיף, חיה	מוח	לב	כבד
שנגל"ה	שורש	נשמה	גוף	לבוש	היכל
י"ב פרצופים	ע"ו ן אאו"ן	או"א עלאין	ישסו"ת	זו"ן	יעו"ר
כל צמא	אורות	מוחין	צלמים	לבושים	כלים
אברים	מוח	עצמות	גידין	בשר	עור
חושים	מוח	ראיה	שמיעה	ריח	דיבור
מחצבבים	א"ס	ספירות	נשמות	מלאכים	חושך
צלם	מ' מקיף ב'	ל' מקיף א'	צ' מוח	צ' לב	צ' כבד
דחצ"מ	אלוקות	מדבר	חי	צומח	דומם
יסודות	יולי	מים	אש	רוח	עפר
רקיעים	ערבות	ערבות	ערבות	מכון, מעון, זבול שחקים, רקיע	וילון
גלגלים	גלגל השכל	גלגל היומי	מזלות	כככבים	לבנה
היכלות	קודש קודשים	קודש קודשים	קודש קודשים	אהבה, זכות, רצון, עצם השמים, לבנת הספיר	לבנת הספיר
מלוי הוי"ה		מו - וד י יו י	לז - וד י או י	יט - וד א או א	כו - וד ה ו ה
אהי"ה		קס"א - אלף הי יוד הי	קס"א - אלף הי יוד הי	קמ"ג - אלף הא יוד הא	קנ"א - אלף הה יוד הה

תרשים ב - א

קוץ של י'

יחידה	א"א	א"ק
חיה	אבא	אצילות
נשמה	אימא	בריאה
רוח	זו"ן	יצירה
נפש	ברק'	עשיה

יחידה	א"א	א"ק
חיה	אבא	אצילות
נשמה	אימא	בריאה
רוח	זו"ן	יצירה
נפש	ברק'	עשיה

יחידה	א"א	א"ק
חיה	אבא	אצילות
נשמה	אימא	בריאה
רוח	זו"ן	יצירה
נפש	ברק'	עשיה

יחידה	א"א	א"ק
חיה	אבא	אצילות
נשמה	אימא	בריאה
רוח	זו"ן	יצירה
נפש	ברק'	עשיה

יחידה	א"א	א"ק
חיה	אבא	אצילות
נשמה	אימא	בריאה
רוח	זו"ן	יצירה
נפש	ברק'	עשיה

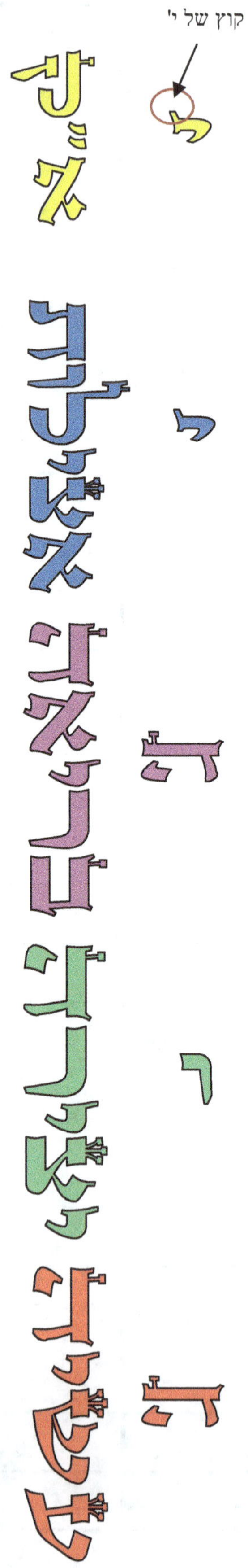

תרשים ב - ב

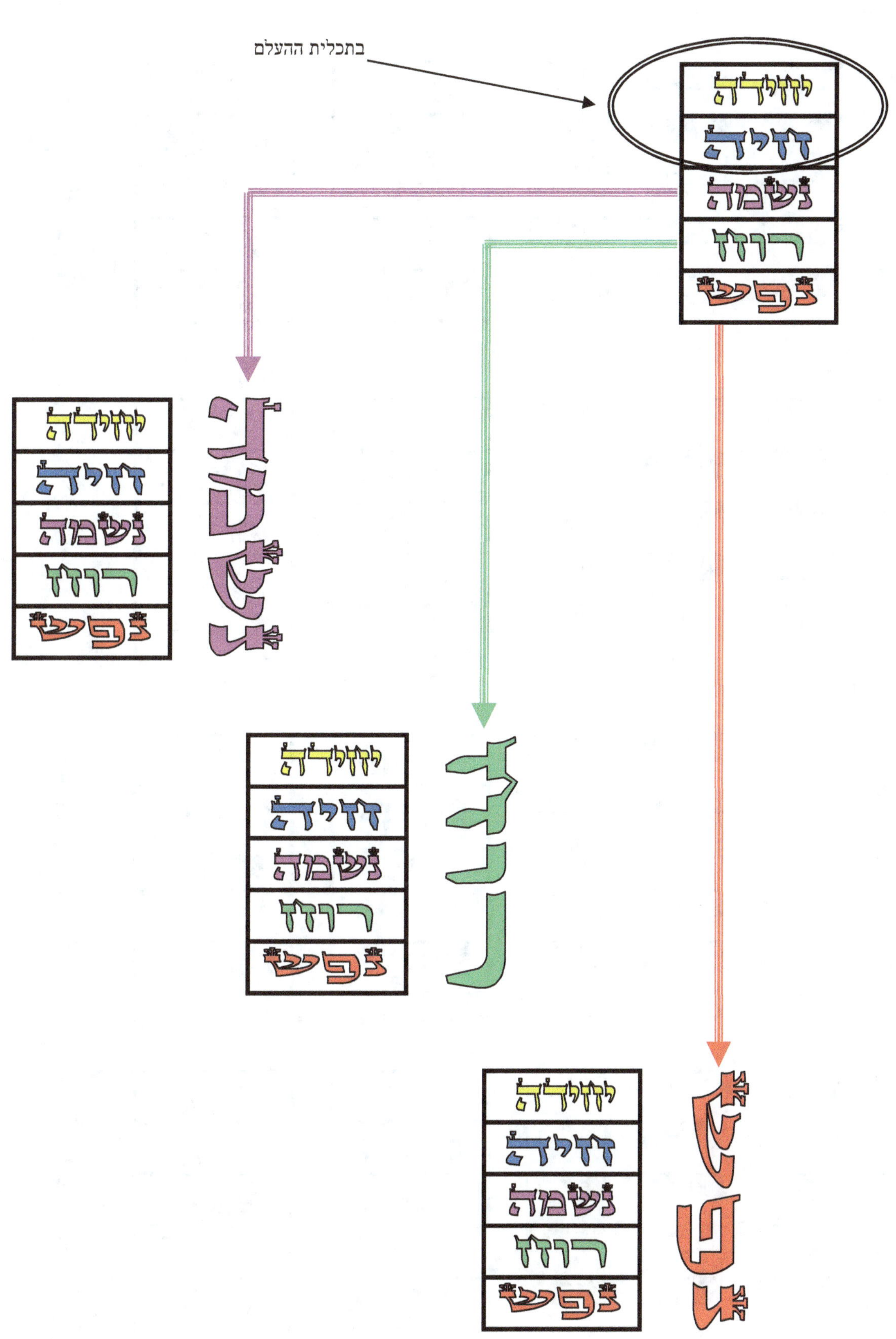

אצילות

יחידה | חיה | נשמה | רוח | נפש
א"א | אבא | אימא | ז"א | נוק'

נפש | רוח | נשמה | חיה | יחידה

בריאה

יחידה | חיה | נשמה | רוח | נפש
א"א | אבא | אימא | ז"א | נוק'

נפש | רוח | נשמה | חיה | יחידה

יצירה

יחידה | חיה | נשמה | רוח | נפש
א"א | אבא | אימא | ז"א | נוק'

נפש | רוח | נשמה | חיה | יחידה

עשיה

יחידה | חיה | נשמה | רוח | נפש
א"א | אבא | אימא | ז"א | נוק'

נפש | רוח | נשמה | חיה | יחידה

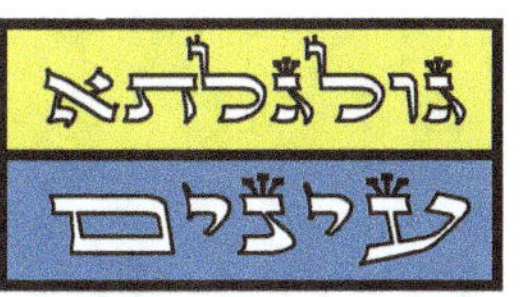

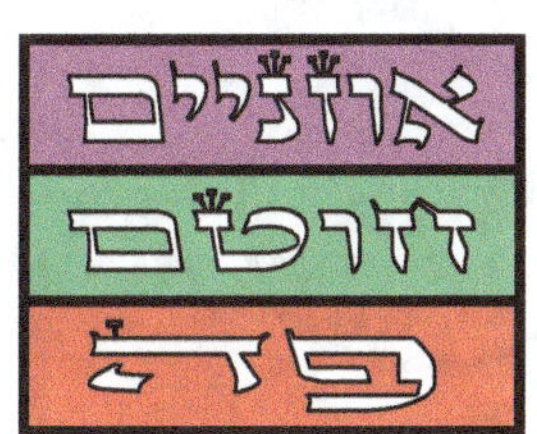

אגו"ח

פְּנִימִיוּת	חִיצוֹנִיּוּת	
מי אל כמוך	אֵל	א
צרעשא ערץ	רזום	ב
ועובר על פשע	רזצרן	ג
לשארית נחלתו	ארך	ד
לא החזיק לעד אפו	אפים	ה
כי חפץ חסד הוא	ורב חסד	ו
ישוב ירחמנו	ואמת	ז
יכבוש עונותינו	נוצר חסד	ח
ותשליך במצולות ים כל חטאתם	לאלפים	ט
תתן אמת ליעקב	נושא עון	י
חסד לאברהם	רפשע	י"א
אשר נשבעת לאבותינו	וזטאה	י"ב
מימי קדם	רנקה	י"ג

דיקנא

פאת הזקן
תרין תפוחין
תרין תפוחין
פאת הזקן
א
אל
מי אל כמוך
ד
ואמת
ישוב ירחמנו
ארחא קדמאה
ג
רזצון
ועובר
על פשע
ד
ואמת
ישוב ירחמנו
א
אל
מי אל כמוך
שערות השפה
ב
רזזום
נושא עוון
שערות השפה
ב
רזזום
נושא עוון
ר
פה
ו
וזטאה
אשר נשבע לאבותינו
ר
שערות תחת השפה
ז
ארך
לשארית נחלתו
ורב חסד
כי חפץ חסד הוא
ורב חסד
כי חפץ חסד הוא
ארחא תנינא
ה
אפים
לא החזיק לעד אפו
מזל ח'
ח
נוצר חסד
יכבוש
עוונותינו
שערות בן המזלות
ט
לאלפים
ותשליך
במצולות ים
מזל יג'
יג
ונקה
מימי
קדם
שערות הגרון
יא
נושא
ופשע
ל
עוון
חסד
לאברהם
תתן
אמת
ליעקב

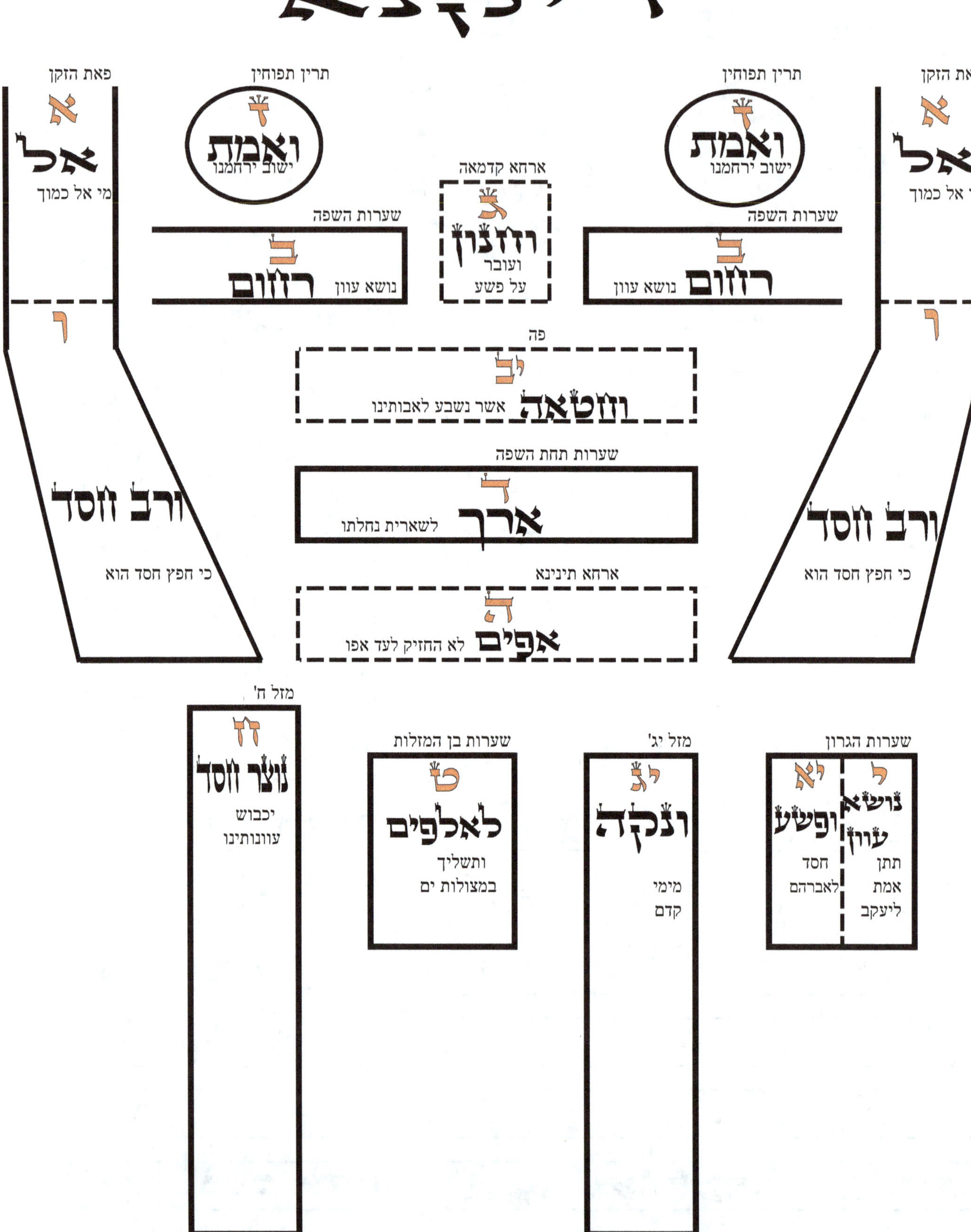

תרשים ב - ז

פְּנִימִי   דְפְנִימִי

פְּנִימִי   { }   ג'ֶ"ר דְג'ֶ"ר

חִיצוֹן   דְפְנִימִי

ג'ֶ"ר

וּ"ק דְג'ֶ"ר

פְּנִימִי   דְחִיצוֹן

חִיצוֹן   { }   ג'ֶ"ר דוּ"ק

חִיצוֹן   דְחִיצוֹן

וּ"ק

וּ"ק דוּ"ק

תרשים ב - ח

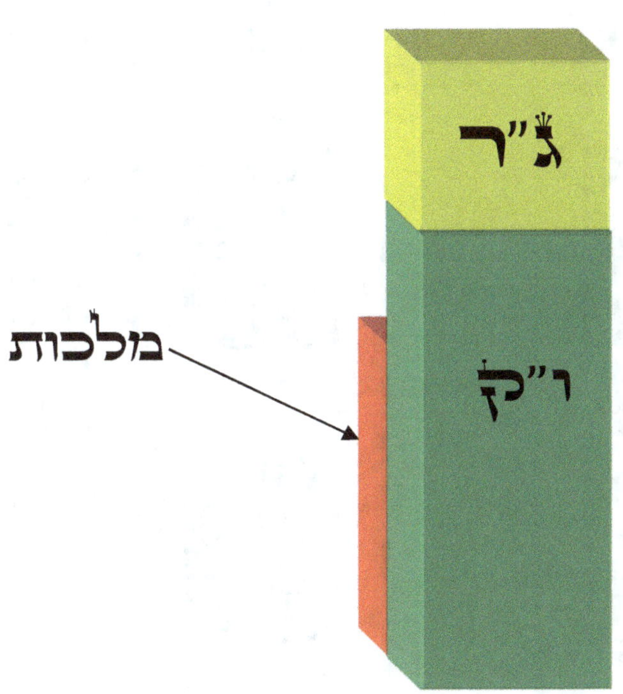

תרשים ב - ט

תרשים ב - י

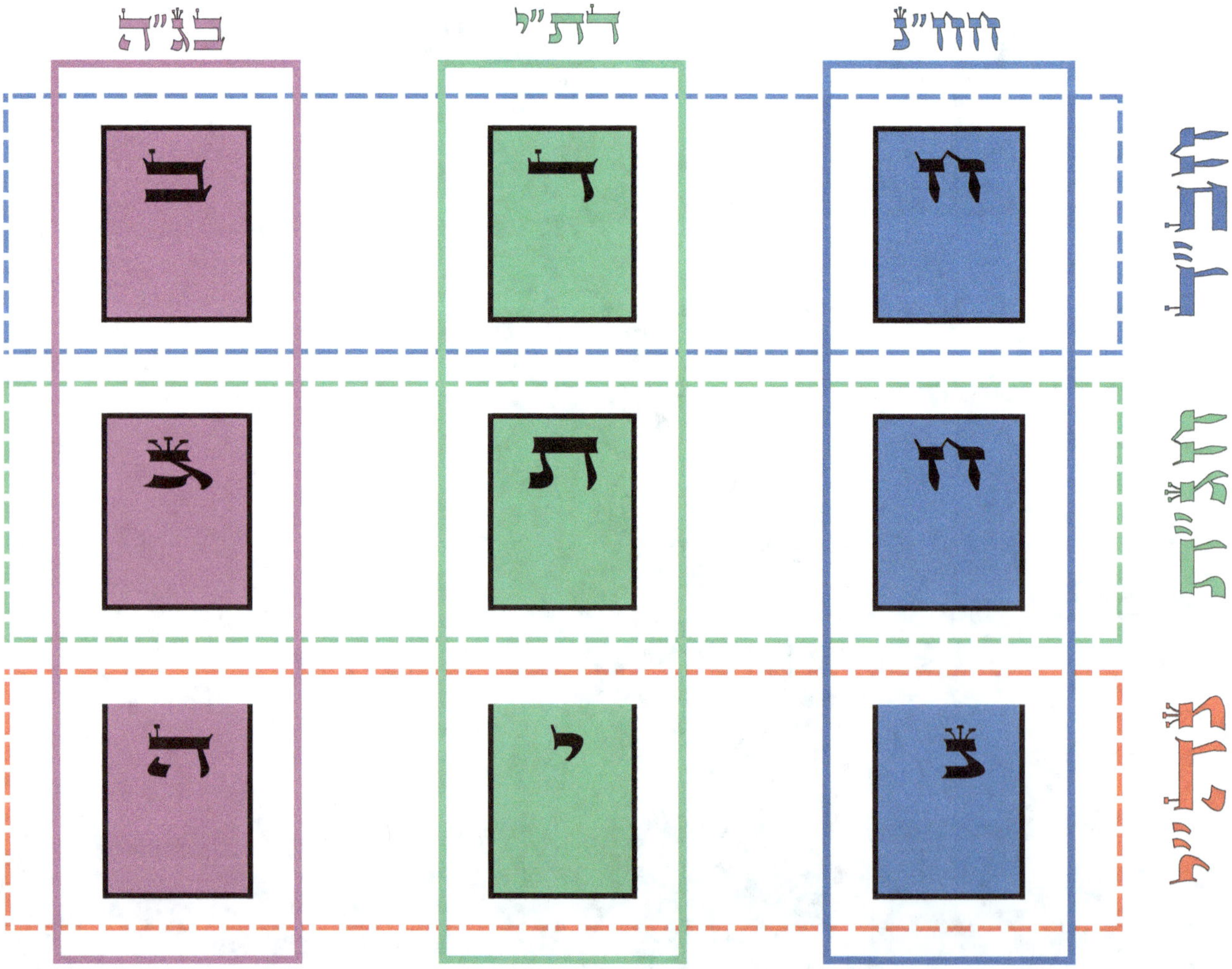

תרשימים שער ד' פרק ב'

תרשים ב - י"א

	קו ימין	קו אמצעי	קו שמאל
פרק א'	חכמה חח"נ דחב"ד	דעת דת"י דחב"ד	בינה בג"ה דחב"ד
פרק ב'	חסד חח"נ דחג"ת	תפארת דת"י דחג"ת	גבורה בג"ה דחג"ת
פרק ג'	נצח חח"נ דנה"י	יסוד דת"י דנה"י	הוד בג"ה דנה"י

תרשים ב - ז

תרשים ב - ח

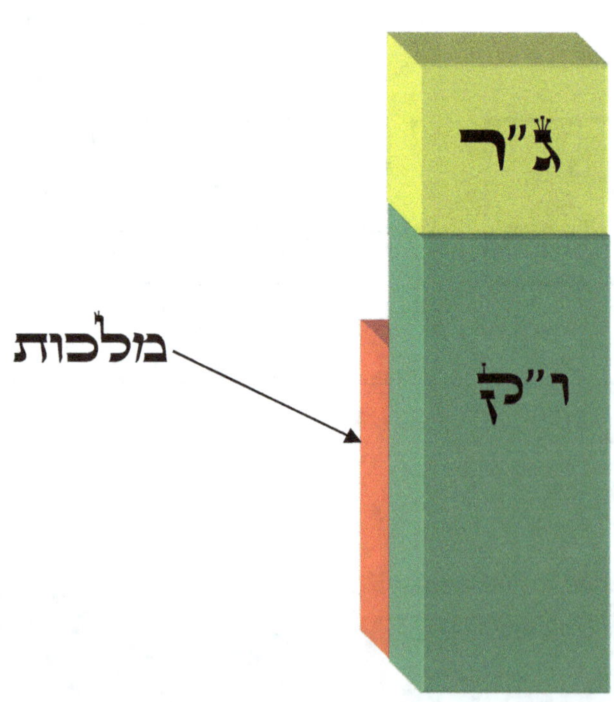